KB121765

알아서 공부하는 아이는 무엇이 다를까

알아서 공부하는
아이는
무엇이 다를까

생각하는 방법부터 바꾸는
10가지 부모 언어

이시다 가쓰노리 지음 | 최화연 옮김

지오북

코로나, 온라인, 빅데이터, 디지털 시대의 교육일수록

안녕하세요. 한국어판 출간을 맞아 독자분들께 인사드립니다. 저는 일본 도쿄대학 대학원에서 '한국 초등학교 영어 교육'에 대해 연구한 적이 있습니다. 이후 한국 학교에도 여러 번 방문하면서 한국 교육에 대해 어느 정도 이해하게 되었습니다.

많은 학생들이 과도한 공부 압박에 짓눌리고 있습니다. 본래 공부는 즐거운 일이며, 중요한 것은 몇 시간 공부하는지가 아니라 '공부의 질'이라는 것을, 진정 현명한 사람은 공부의 질이 남다르다는 사실을 많은 이들이 아직 모르고 있다는 것이 안타깝습니다.

안 그래도 아이를 책상 앞에 앉아 공부하도록 하는 게 쉽지 않은데, 급변하는 사회적 흐름으로 인해 학부모들의 고충은 더욱 심해지고 있습니다. 최근 한국과 일본뿐만 아니라 전 세계 부모들이 갖고 있는 고민에 대해 간단히 알아볼까요.

💬 코로나 시대가 도래하면서 대부분의 학교 수업이 온라인으로 이루어지고 있습니다. 아이가 집에서 공부해야 하는 시간도 늘었는데, 어떻게 하면 스스로 공부하게 이끌 수 있을까요?

🔑 코로나19의 영향으로 학교 현장뿐만 아니라 학부모들에게도 큰 혼란이 왔지요. 수업이 온라인으로 시행되고 학원이 휴업하는 등 아이들이 가정에서 지내는 시간이 늘면서, 그만큼 아이들 교육에 부모의 역할이 한층 중요해졌습니다. 많은 학부모나 언론 매체에서도 제게 조언을 구합니다. "아이가 공부하도록 어떻게 이끌어주면 좋을까요? 강요하지 않아도 아이 스스로 공부하도록 하는 방법이 있을까요?"

아이는 왜 스스로 공부하지 않을까요? 강요하니까 알아서 하지 않는 것입니다. 우선 이 현상부터 제대로 이해해야 합니다. '시키지 않으면 자기가 알아서 하지 않는다'가 아니라 '시키지 않으면 안 되는 아이로 키웠다'가 조금 더 정확한 표현이겠지요. 부모가 강요하면 할수록 아이는 스스로 하지 않게 된다는 점부터 분명하게 인지해야 합니다.

지금껏 시켜야만 억지로 공부하던 아이에게 느닷없이 '강요 없는 상태'를 제공한들 아이 스스로 공부하지는 않을 것입니다. 이미 공부에 대해 부정적이니까요. 아이와 부모가 집에 함께 있는 시간이 늘어날수록 '억지로' 시키는 게 힘들어집니다. 이럴 때일수록 아이의 사고력을 높일 수 있는 부모와의 일상적 대화가 중요합니다. 이 책의 내용이 코로나 시대를 맞아 더 화제가 되는 건, 이런 이유 때문인 것 같습니다.

아이가 스스로 공부를 즐길 수 있는 '장치'를 만들어보는 것도 권합니다. 작은 팁 중 하나인데, 저는 많은 학부모들에게 '아이 수첩'을 추천합니다. 수첩에 아이가 언제, 무엇을 할지를 적습니다. 각 항목마다 점수를 매겨서 그 일을 마치면 포인트를 받도록 하는 것인데, 매우 효과적입니다. 이때 머릿속에서는 '공부=게임'이 됩니다. 이처럼 공부에 재미도 붙이고, 자연스럽게 스스로 하는 습관이 길러질 수 있는 장치를 만들어보세요.

💬 스마트폰을 손에서 놓지 않는 아이 때문에 고민입니다.

4차 산업혁명 시대를 사는 아이들에게 휴대전화와 컴퓨터가 필수라고는 하지만, 마음대로 사용하게 두어도 정말 괜찮을까요?

🔑 이 부분은 아이마다 다릅니다. 저절로 자제력이 발동하는 아이가 있고, 그렇지 않은 아이가 있습니다. 어떤 성향인지에 따라 지도 방식도 달라집니다. 다만 '디지털 네이티브(digital native, 디지털 원주민)'이라 일컫는 지금의 아이들은 게임, 동영상, 포털사이트 검색으로도 '생각하는 힘'이 길러진다는 점을 아날로그 세대인 부모님들이 이해해야 합니다.

디지털 기기와 '생각하는 힘'은 어떤 관계일까요? 디지털 기기는 '조사를 위한 도구'입니다. '생각하는 힘'의 일종인 '의문 품기'는 '조사하기' 단계로 이어지기 마련인데, 이때 지금의 아이들은 디지털 기기를 활용합니다.

지금의 아이들은 부모 세대와 달리 접하는 정보의 양이 엄청나게 많습니다. 빅데이터 시대입니다. 인간의 뇌로 감당이 안 되는 양입니다. 과거에는 자신의 머리에 들어오는 지식의 양을 잘 기억하는 능력이 중요했지만, 이제는 그렇게 할 수 없는 시대가 되었습니다. 때문에 어떤 지식은 남겨야 하고, 어떤 지식은 버려야 할지를 빨리 판단해야 합니다. 그중에는 디지털 기기를 통해 금방 알아낼 수 있는 지식인지 아닌지를 판단하는 능력도 중요합니다.

아이가 디지털 기기를 사용하는 시간이 긴지 짧은지보다, 어떻게 사용하는지를 잘 살펴보세요. 자신의 생각을 위한 '조사 도구'로 사용하게 하고, 필요한 지식을 잘 '찾아내는' 기쁨을 느끼게 하면, 자연스럽게 자제력이 길러집니다. 이 책에서 다룰 10가지 부모 질문에 대한 답을 아이가 찾기 위해 디지털 기기를 사용해보는 경험을 유도하도록 하세요.

💬 오프라인 강의는 줄고 온라인 강의가 점차 늘어나는 추세입니다. 왜 온라인 강의는 오프라인 강의보다 집중이 잘 안 될까요? 어떤 아이가 온라인 수업에도 집중을 잘하나요?

🔑 인류의 역사에 동영상이 일반화되고 온라인 강의가 등장한 지는 얼마 되지 않았습니다. 거의 초기 단계이니 앞으로 온라인 강의의 질은 훨씬 발전하겠지요. 여기서 짚어봐야 할 것은, 온라인이든 오프라인이든 진짜 실력 있는 선생님이 가르치는 수업에는 아이들이 집중한다는 점입니다.

즉 문제는 '누가 가르치는가'입니다. 아이가 텔레비전 퀴즈 방송을 집중해서 보는 이유가 무엇일까요? 집중해서 보도록 프로그램을 만들었기 때문입니다. 그렇지 않으면 시청률이 내려가고 프로그램이 폐지되니까요. 수업도 이와 마찬가지로 누가 어떻게 가르치느냐에 따라 온라인 수업이라도 아이들은 집중합니다. 온라인 콘텐츠의 질이 어떤지를 살펴보고, 부모님들이 적절하게 추천해줄 필요가 있습니다.

급변하는 세상에서 내 아이를 올바르게 이끌기란 여간 힘든 일이 아닐 것입니다. 올바른 기준이란 무엇인지, 좋은 도구란 무엇인지, 어떤 목표를 아이와 함께 세워나가야 할지 많이 혼란스럽기도 하리라 생각합니다. 하지만 시간이 지나고, 아무리 세상이 변한다고 하더라고 가장 중요한 것이 있습니다. 바로 '생각하는 힘'을 길러야 한다는 점입니다. '생각'이야말로 사람을 지탱하고 세상을 살아가는 지혜를 심어주는 '진짜 공부'이기 때문입니다.

저는 30년 동안 교육 현장에 있으면서 어떻게 하면 진정한 의미의 두뇌(똑똑한 머리)를 만들 수 있을지, 그 노하우를 찾기 위해 애썼습니다. 과거에는 오래 공부하면 성적이 잘 나오고, 책을 많이 읽으면 국어 실력이 오른다는 인식이 보편적이었습니다. 사실은 그렇지 않습니다. 그런 방식으로 잘하게 되는 아이도 있지만, 학습 지속력이 떨어지거나 책 읽기를 싫어하는 아이라면 어떻게 해야 할까요? 오래 하도록 억지로 시켜야 할까요? 많이 읽도록 억지로 시켜야 할까요? 그러면 더욱 싫어하게 될 뿐입니다.

똑똑한 아이들은 책상 위에서만 공부하는 것이 아니라 일상생활 속에서 배웁니다. 그 점을 먼저 이해하시면 좋겠습니다. 아이가 일상에서 스스로 배우는 방법을 익히도록, 부모의 역할을 잘해야 합니다. 기본 방법은 지극히 간단합니다. '질문'의 힘을 활용합니다. 부모가 아이에게 무엇을 묻는지가 중요하지요. 이토록 간단한 방법을 두고도, 많은 사람이 질문 대신 명령의 말을 사용합니다.

이 책에서 소개하는 10가지 부모 언어는 그리 어렵지 않고, 지금 당장 시작할 수 있습니다. 10가지 부모 언어로 공부가 즐거워지는 동시에 성적이 올라가는 '마법' 같은 일이 벌어질 수 있다는 것을 수없이 목격했습니다. 한국에서 한 명이라도 더 많은 아이가 활짝 웃음 짓는 나날을 보내게 되기를 진심으로 바랍니다.

저자 이시다 가쓰노리

똑같이 공부하는 데 왜 차이가 날까

본격적으로 학교 공부를 시작하는 초등학교 1학년부터, 성적표와 입시를 의식하기 시작하는 중학교 그리고 고등학교와 대학 입시까지…. 이런 과정을 경험하면서 한 번쯤 의문을 품어본 적이 있을 겁니다.

'똑같이 공부하는데 왜 차이가 날까?'

저 역시 이런 의문을 가졌습니다. 저는 중학교 때까지는 공부를 꽤 잘해서 상위권 학생들만 모이는 고등학교에 입학할 수 있었습니다. 고등학교 1학년 1학기, 처음 치르는 중간고사가 기억납니다. 여러 중학교에서 1, 2등만 모였다는 부담감이 엄청났습니다. 정말 최선을 다해 공부했습니다. 이보다 더 열심히 하지는 못하리라 생각할 만큼, 말 그대로 한계에 다다를 때까지 노력했습니다.

결과는 반 40명 중 10등. 상위권 고등학교에서 석차 10등이면 괜찮은 성적이라 생각할지도 모르겠지만, 저로서는 최대한 노력해서 역량을 발휘했던 터라 적잖이 놀랐습니다. 더 좋은 성적을 받을 줄 알았는데 말입니다.

그때 생각나는 일이 있었습니다. 시험 전에 상위권 친구들이 "어떡해. 공부 하나도 못 했어"라고 하기에 저는 "괜찮아. 노트 빌려줄까?"라며 걱정까지 해주었습니다. 그 친구들은 몇 점이나 받았을까요? 그래서 물어보았습니다. "넌 몇 점 받았어?" 그랬더니 97점이라고 하지 않겠습니까. 참고로 저는 76점이었습니다. 그 후로 다시는 그 친구들의 말을 믿지 않았지요.

그때뿐만이 아닙니다. 비슷한 일은 또 있었습니다. 고등학교 때 친한 친구 중 몇 명은 동아리 활동에 흠뻑 빠져 있었습니다. 학교 수업이 끝나면 운동이나 음악 등 동아리 활동을 하느라 바빴고, 쉬는 시간 내내 동아리 이야기뿐이었습니다. 아무래도 공부는 뒷전인 듯했고, 공부에 별로 시간을 들이지도 않았습니다. 저 역시 그런 친구들과 하루하루를 즐기는 데 여념이 없었습니다. 하지만 고등학교 3학년이 되고 그 친구들은 명문대에 바로 합격했습니다. 저는 재수를 하게 되었지요.

'대체 왜?'

스스로가 한심했습니다. '분명 뇌 구조가 다를 거야' '저 애는 천재니까'라며 노력으로는 뛰어넘을 수 없는 이유를 대고 스스로 합리화했습니다. 왜 차이가 생기는지 아무리 고민해도 알 수가 없었습니다. 그러나 사실 '똑같은 수업을 듣고 똑같이 공부하는데도 차이가 생기는 이유'는 아주 명확했습니다.

지금까지 명확하게 밝혀진 적 없는 이유

그 이유를 처음 깨달은 것은 스무 살 때였습니다. 다른 사람보다 두세 배 더 공부했지만 결국 삼수를 했습니다. 돌이켜보니 인생에서 가장 암울한 시기였던 그 2년이 오히려 인생의 전환점이 되었습니다.

특별한 계기가 있었습니다. 반년 만에 국어 성적이 배로 껑충 오른 것이었지요. 대단한 선생님을 만난 것도 아니고, 특별한 문제집으로 바꿔서도 아니었습니다. 시험 잘 보는 방법을 누가 따로 알려줘서도 아니었습니다. 인생의 암흑기였던 이 시기에

'어떠한 자연스러운 변화'가 일어난 결과였습니다.

공부 시간은 고3 때보다 훨씬 적었는데, 어째서 성적이 올랐을까? 그것은 제가 책상 앞에 앉아 있지 않을 때도 공부한 내용을 생각하는 상태가 되었기 때문입니다. 문제집을 볼 때도 '이걸 꼭 맞혀야지' '정답이 뭐지?'라고 생각하는 게 아니라 '아, 이 문제는 이런 이유로 나왔겠구나'를 생각하고 있었기 때문입니다.

자신감이 붙기 시작하자, 다른 과목의 성적도 놀랄 만큼 오르기 시작했습니다. 예전에는 국어 공부를 할 때와 수학 공부를 할 때의 기분이 완전히 달랐는데, 전환점을 돌면서부터 어떤 과목을 앞에 두어도 똑같은 기분으로 공부할 수 있었습니다. 그러자 각각의 과목들이 복잡해 보이지 않고, 그냥 하나의 공부로 다가오기 시작했습니다. 공부에 대한 부담감이 줄고, 공부를 대하는 자세도 달라졌습니다.

지금은 그것이 무엇인지 분명하게 말할 수 있습니다. '공부머리'가 트인 겁니다. 일종의 '사고력 전환'이 일어난 것이지요. 그런 경험을 하고 나니 저처럼 노력하는데 성적이 안 올라서 답답해하는 학생들을 잘 도와줄 수 있겠다는 생각이 들었습니다. 처음부터 높은 사고력을 가졌던 사람은 낮은 사고력을 가진 학생들을 지도하기 어려울 수도 있을 것입니다. 반면 저처럼 처음에는 사고력이 낮았다가 높아진 경험을 한 사람은 학생들의 시선에서 더 잘 지도할 수 있을 거라는 생각이 들었습니다. 그런 이야기가 있지 않습니까. 명감독은 명선수이긴 하지만, 명선수가 꼭 명감독은 아니라고.

그런 저는 스무 살에 교육 사업에 뛰어들어서 제 노하우를 전달하기 시작했습니다. 말이 거창해서 사업가지, 사실은 한 명 한 명의 학생들을 지도하고 부모들과 소통하는 일이었습니다.

중고등학생 시절 '이런 문제는 모르겠다'는 또래 친구들에게 설명해주던 경험은 있었습니다만, 성인이 되어 학생들 각각을 긴 시간 동안 밀착해서 지도하는 것은 완전히 달랐습니다. 훨씬 더 높은 차원에서 학생들을 바라보게 되었고, 성적표에 나오는 점수 자체만이 아니라, 그들의 사고가 어떻게 발전해가는지를 바라볼 수 있게 되었습니다.

그렇게 3,500여 명의 학생들을 지도하면서 깨달은 것이 있습니다. 소위 '공부를 잘하는 머리'가 단지 교과서를 보고, 문제지를 풀고, 시험을 치는 영역에만 해당되는 것은 아니라는 점입니다.

똑같이 공부하는데 차이가 생기는 이유는 무척 간단합니다. 너무나 간단해서 인식조차 하지 못하는 것이지요. 배움의 세 가지 유형을 살펴보면 그 차이의 이유를 알게 됩니다.

유형1 수업을 듣고 있어도 배우지 않는 사람
유형2 수업에서만 배우는 사람
유형3 잠자는 시간 외 모든 일상에서 배우는 사람

유형 1과 유형 2가 아무리 공부를 열심히 해도 유형 3과는 비교가 되지 않습니다. 잠자는 시간 외에는 계속 배우고 있으니까요. 바로 이 부분에서 차이가 생깁니다. 잠자는 시간 외에 모든 일상에서 배운다는 건, 잠을 조금 자고 책상 앞에 앉아서 공부하는 것을 말하는 게 아닙니다. 무엇을 대하든 '배우고 있다'는 것입니다.

여기에서 중요한 것은 '배운다'의 뜻입니다. 학교 다닐 때 선생님이 했던 말을 기억하는지요?

"선생님, 시험은 왜 보나요?"

"너희가 정말 제대로 배웠는지, 정확하게 알고 있는지를 알려고 하는 거다."

정작 학창 시절에는 이 말의 뜻을 잘 이해하기 힘듭니다. 만약 잘 이해하는 학생이 있다면 이미 유형 3의 사고를 갖고 있는 학생인 것이지요. 아무리 1등부터 꼴찌까지 순위를 매기는 입시 교육이라고 해도, 그 바탕이 되는 기본은 우리가 세상을 살아가는 데 필요한 지식과 사고 능력을 갖는 것입니다.

그러려면 학교에서 배우는 공부를 '책상 앞의 공부'로 생각하지 말고, 세상에 대한 지식으로 받아들여야 합니다. 그리고 그 지식에 자발적인 흥미를 가져야 합니다. 그렇게 되면 책상을 떠나서도 공부를 하는 학생이 됩니다. 그게 바로 사고의 수준이 높아지는 것이지요.

게다가 지식의 양과 수준은 학년이 올라갈수록 더욱 많아지고 높아집니다. 그에 맞춰서 당연히 지식을 처리할 수 있는 사고의 능력도 커져야 합니다. 계속 업그레이드하는 것입니다. 이런 업그레이드가 자동적으로 이루어지고 있는 학생들이 바로 '유형 3'입니다. 다시 말해 잠자는 시간 외 모든 일상에서 배우고 있다는 것은, 잠자는 시간 외에 모든 일상에서 '생각하고 있다'는 것을 뜻합니다.

눈을 뜨고 있는 이상 인간은 다 생각하고 있는 게 아닐까요? 하지만 그렇지 않다는 것을 우리는 경험적으로 알 수 있습니다. 시험을 치다가 모르는 문제가 나오면 머릿속이 하얗게 되는 경험이 있지 않습니까? 부모들은 성인이 되어 이미 그 느낌을 잊어버렸겠지만, 우리 아이들은 수시로 그런 경험을 하고 있을지도 모릅니다. 그런 느낌이 들면 이미 알고 있는 문제도 기억이 나지 않습니다. "왜 뻔히 아는 걸 틀렸어"라고 아이를 질책해봐야 소용 없습니다. 그게 바로 '생각이 멈추는 상태'입니다.

또 하나의 예를 들어볼까요? 역사 시간에 선생님이 설명합니다. 이때 한 학생이 손을 듭니다. "선생님, 이 부분은 이해가 안 갑니다. 왜 이런 일이 벌어진 것이지요?" 반에 이런 친구가 꼭 하나쯤 있었을 겁니다. 놀랍습니다. 나는 아무 생각이 없었는데, 저 친구는 왜 그 부분에 의문을 가지게 된 것일까요? 이처럼 똑같이 수업을 들어도 생각을 하는 상태와 하지 않는 상태가 있고, 학교 밖을 나서면 이 격차는 더 커집니다. 바로 여기에서 학습 능력의 차이가 생깁니다.

그렇다면 어떻게 해야 유형 1과 유형 2가 유형 3으로 바뀔 수 있을까요? 바꿔 말하면, 어떻게 해야 '사고의 수준'을 높일 수 있는가 하는 문제입니다.

사고의 구조가 바뀔 때 자존감이 높아진다

제가 삼수를 하면서 겪은 것은 유형 1, 2에서 유형 3으로의 변화입니다. 그러니 공부 시간은 줄었어도 성적은 더 좋게 나왔던 것이지요. 성적만 더 좋아진 게 아니라 대인관계도 달라지고, 세상을 해석하는 방식도 달라졌습니다. 그러다 보니 모든 일에 자신감이 생겼습니다. 물론 실수도 하고 실패도 하지만, 그 과정에서 어떤 '재미'를 느끼게 되었습니다. 저는 인생의 암흑기를 대가로 그런 변화를 얻었지만, 고등학교 때 보았던 상위권 친구들과 명문대에 바로 진학한 친구들은 이미 유형 3의 학생으로 공부하고 있던 것입니다. 고등학생 단계에서부터 그게 가능했다는 사실이 놀라울 따름입니다.

'왜 아무도 이 사실을 알려주지 않았을까? 이것만 알면 공부가 훨씬 재밌었을 텐데!'

그들에게는 별다른 의식 없이 저절로 일어나는 평범한 일이기 때문에 다른 사람에게 생각하는 방법을 알려주기가 어려웠을 것입니다. 하지만 과연 이런 능력은 선천적이기만 한 걸까요? 이렇게 생각 방식이 타고난 사람이 있는 한편, 후천적으로 비슷한 수준까지 끌어올리는 것 또한 가능합니다.

저는 부모 강연을 자주 다닙니다. 헤아려보면 연간 400회 이상 진행하는 것 같습니다. 그 외에 부모들의 공부 모임이나 교육 관계자들과의 연수도 자주 가지면서, 사교육 사업과 함께 공교육 혁신과 관련된 일도 해오고 있습니다. 그 과정에서 교육의 방향이 변화하고 있다는 것을 느낍니다. 학교 수업 방식도 많이 바뀌었고, 학생들이 학교에서 수행하는 과제의 형태도 많이 달라졌습니다.

게다가 학교 밖 사회의 변화는 학교 안보다 더 큽니다. 사회의 변화가 거세니 부모의 역할도 새롭게 요구됩니다. 이제 부모의 역할도 특정 학원을 찾아주고, 아이를 억지로 공부시켜서 상위권 학교와 명문대에 보내는 것에 그치지 않습니다. 아이들이 급변하는 세상에서 학교 교육을 마친 후, 직업을 찾고 일을 통해 성과를 낼 수 있는 사람이 되도록, 보다 근원적인 차원의 자녀 교육을 생각하게 됩니다. 이런 변화 속에서 '생각하는 법 자체'에 대한 필요성은 더욱더 커지고 있습니다.

얼마 전 제가 수년간 연재하고 있는 한 칼럼에 "똑같이 공부해도 차이가 생기는 본질적 이유 – 공부 잘하는 아이와 딱 한 걸음 아쉬운 우리 아이 사이의 커다란 차이"라는 글을 썼습니다. 바로 앞에서 말한 내용을 짧게 다룬 칼럼이었습니다. 이 칼럼은

265만 조회를 기록하며 연재된 주제 가운데 가장 큰 호응을 얻었습니다. 그 후 수많은 독자분들이 이 칼럼을 보고 자신들의 사연과 다양한 실천 사례, 성공담을 보내왔습니다.

이 책은 칼럼에서는 자세히 다룰 수 없었던 내용을 담았습니다. 이제까지 여러 부모 강연과 교육 관련 연수에서 이야기해 왔던 '차이가 생기는 이유'와 '어떻게 하면 그 수준에 이를 수 있을까?'에 관한 내용입니다. 즉, 유형 3이 되는 효과적 방법을 담았습니다.

사실 잠자는 시간 외에 배우는 사람이 되어야 한다고 말하면 '와! 그런 일이 가능할까?'라며 겁을 먹게 됩니다. 그러나 바꾸어 말하면, 책상 앞에 긴 시간 앉아 있어도 소용이 없다는 말이기도 하고, '내가 보지 않는 곳'에서 우리 아이가 스스로 성장하는 게 가능하다는 말이기도 합니다.

부모가 해야 할 일은 그리 크고 무겁지 않습니다. 결국 아이들의 사고력은 본인의 힘으로 키워야 합니다. 부모가 좋은 신호와 자극을 줄 수 있습니다. 그런 내용을 담아 이 책에서는 부모가 자신의 아이에게 간단히 실천할 수 있는 10가지 코칭 방법을 정리했습니다.

제가 이와 같은 내용을 책으로 내게 된 데는 이유가 있습니다. 많은 이들이 어릴 때 한두 번 해본 IQ 테스트를 핑계 삼아 '타고난 지능이 낮아서 공부를 못한다'고 생각합니다. 그러나 저는 공부하는 능력, '공부 지능'은 후천적으로 높일 수 있다고 믿습니다. 즉, 모든 아이들이 공부를 좋아할 수 있고, 모든 아이들이 공부를 잘할 수 있다는 것을 알려주고 싶습니다. 인생을 사는데 시험 성적이 전부가 아닌 건 분명합니다. 그러나 '학습할 수 있는 능력'은 반드시 필요합니다. 이는 우리 삶의 자존감과 관련이 깊기 때문입니다.

아이든 어른이든 스스로에 대해 자신이 없는 사람이 많습니다. 여러 이유 가운데 '공부를 못해서' '일을 못해서'라는 이유도 적지 않을 테지요. 특히 청소년 시기에 '공부 못하는 나=형편없는 나'라는 착각 때문에 자존감이 낮아지는 학생들이 무척 많습니다. 여러 나라의 고등학생들을 대상으로 실시한 한 통계자료를 살펴볼까요?

내 능력은 보통 수준이다

	매우 그렇다	그런 편이다	별로 그렇지 않다	전혀 아니다
한국	16.7	51.1	27.9	4.3
일본	7.4	48.3	35	9.3
중국	33.4	57.2	7.9	1.3
미국	55.9	32.6	7.6	1.5

스스로 한심한 사람이라고 생각한 적 있다

	매우 그렇다	그런 편이다	별로 그렇지 않다	전혀 아니다
한국	5	30.2	42.5	22.4
일본	25.5	47	22.9	4.5
중국	13.2	43.2	33.3	10.1
미국	14.2	30.9	25.8	27.8

(단위: %)   ※ 2015년 일본 국립청소년교육진흥기구, 연구 대상: 고등학교 1~3학년

　　자신의 학습 능력과 자존감과의 상관관계가 이 자료에서 어느 정도 드러납니다. 자존감이 낮을수록 공부로 인한 압박감을 많이 느끼고 있다고 추측할 수 있습니다. 어른의 세계에서도 마찬가지입니다. 회사도 일종의 배우는 곳입니다. 처음 회사에 들어가면 할 수 있는 일이 거의 없습니다. 경력이 쌓이고 진급한다고 해도, 그에 맞게 또 새로운 과제들을 빨리 익혀야 합니다. 그러니 업무 역량이 부족한 사람은 자존감이 낮아지기 마련입니다. '가르쳐도 못하는 사람'이라는 평가를 받고 싶은 사람은 아무도 없을 겁니다. 심지어 회사는 학교보다 훨씬 더 '알아서 배울 것'을 요구합니다. 부모도 선생도 없는 곳에서 스스로 학습해나가야 합니다.

　　물론 학창 시절에 공부를 못했어도 사회에서 탁월한 업무 역량을 발휘하는 경우도 많습니다. 이른바 공부머리와 일머리는

다릅니다. 그렇다 해도 공통적인 사실은, 자존감이 높은 사람이 새로운 지식이든 새로운 업무든 빨리 익힌다는 것입니다.

그러므로 모두가 명문대를 갈 필요는 없지만, 아이들이 성장 과정에서 자신의 사고력이 업그레이드되는 것을 경험하는 건 중요합니다. '아, 이런 방식으로 생각하니까 이해가 잘 되네'라는 경험을 갖는 것입니다. 그런데 그런 경험 대신에 '나는 죽어라 공부하는데, 왜 성적이 안 나올까. 나는 형편없는 사람인가 봐' 같은 경험을 하게 되는 경우가 더 많습니다. 혹시 그런 경험만 하는 교육을 하는 게 아닌지 돌아볼 때입니다.

똑같은 공부를 해도 차이가 나는 이유가 '사고의 구조' 때문이라면, 부모나 교육 현장이 해야 할 일은 '더 오래 공부해라' '더 노력해라' '더 열정을 가져라'처럼 애매한 말을 전달하는 것이 아닙니다. 아이가 사고의 구조를 키울 수 있도록 제대로 자극을 주는 일이어야 합니다.

과거에는 공부든 일이든 스포츠든, 어느 분야에서나 성과를 내기 위해서는 의지, 근성, 노력이 필수라는 사고방식이 지배적이었습니다. 이는 '양의 논리'입니다. 흔히 노력이 부족하다고 이야기하는 것이 여기에 해당합니다. 그러나 많이 노력한다고 반드시 잘하게 되지는 않습니다. 사물을 보는 방식, 사고의 구조가 바뀌지 않으면 아무리 노력해도 달라지지 않습니다. 사고의 구조가 바뀌면 부모나 선생이 시키지 않아도 스스로 알아서 학습하는 변화가 일어납니다. 자신이 뭔가 다르게 생각하는 방법을 찾고, 그로 인해 똑같이 공부해도 더 나은 결과를 만들어내는 것을 체험하게 되면, 그 즐거움을 발판으로 하여 자발적으로 학습에 도전하게 되기 때문입니다.

이 책이 담고 있는 내용을 안내 삼아 부모와 아이가 함께 그 변화의 즐거움을 느낄 수 있게 되기를, 그리하여 모든 아이가 자존감을 가질 수 있기를 바랍니다.

2부 생각의 구조를 바꾸는 10가지 부모 언어

——

"책상 앞에 앉아 있으면 열심히 공부하는 건가요?"

"제발 알아서 공부할 수는 없는 걸까요?"

"공부머리는 정말 따로 있나요?"

1부

·

공부 지능이란 무엇일까?

- 두뇌 OS 키우기

1장

차이가 어디에서 발생하는지를 이해하기

우선 똑같은 환경과 조건에서도 '잘하는 사람'과 '못하는 사람'으로 나뉘는 경우들을 살펴보고자 합니다. 벌써 몇 가지 떠오르는 장면들이 있겠지요? 내 아이는 어떤 상황인지를 생각하며 살펴보시길 바랍니다.

관찰 1. 같이 공부해도 유독 성적이 좋은 아이

학창 시절을 떠올려봅시다. 혹시 주변에 뭐든지 잘하는 친구가 있지 않았나요? 공부도 잘하면서 음악, 미술, 체육까지 잘하는 친구 말입니다. 그런 친구인데 학급 활동에도 리더로서 솔선수범하는 경우가 있습니다.

제가 초등학교에 다닐 때도 이런 친구가 있었습니다. 그 친구는 공부를 잘하는 수준이 무척 남달랐습니다. 국어 시간에 졸다가 선생님 눈에 띄어 "이어서 읽어봐" 하고 지적당하면, 일어나서 언제 졸았냐는 듯이 다음 내용을 찾아 막힘없이 읽었습니다. 이런 모습에 반 아이들은 모두 깜짝 놀라며 그 친구를 차원이 다른 존재로 여겼습니다. 그 친구는 국어 외에 다른 과목 성적도 좋았습니다. 저희는 같은 중학교로 진학했는데, 불량 학생이 많기로 소문난 공립중학교였습니다. 머리가 매우 좋은 친구였으니 훨씬 더 수준 높은 학교에 갈 수도 있었을 텐데 왜 가까운 공립중학교에 진학했는지 이해할 수 없었습니다.

어쨌든 중학교에 들어간 그 친구는 학생회에서 활동했습니다. 한 학년 400명 가운데 5분의 1 정도가 불량 학생인 학교에서, 모범생인 그가 거친 친구들과 잘 지낼 수 있을지 걱정이 되었습니다. 그런데 제 걱정과는 달리, 그는 불량학생들과도 무척 원만하게 지냈습니다. 괴롭힘을 당하기는커녕 학교생활을 한껏 즐겼을 뿐만 아니라, 높은 성적을 유지하다가 지역에서 가장 우수한 학생이 모이는 고등학교에 진학했습니다. 그리고 고등학교를 졸업한 후 손꼽히는 명문대학에 합격했습니다.

저는 초등학교, 중학교, 고등학교를 그 친구와 함께 다녔습니다. 게다가 학원도 같은 곳을 다녔지요. 그런 친구가 옆에 있으면 공부에 도움도 되지만, 한편으로 계속 열등감에 시달리게 되기도 합니다. 그 친구와 같은 학교, 같은 학원에서 똑같이 공부했는데 어째서 이렇게 차이가 났을까요? 그때 저는 그저 타고난 머리가 다르다고만 생각했습니다. 태어나기를 저렇게 태어나지 못했으니 부모를 원망해야 하는 걸까? 그렇게 생각했습니다.

관찰 2. 10번 연습해서 자전거를 탈 수 있는 아이, 100번 연습해도 못 타는 아이

또 다른 상황을 살펴봅시다. 맨 처음 자전거 타는 법을 배울 때가 생각나시나요? 조금 연습해보고 금방 잘 타게 되었나요? 아니면 아무리 연습해도 잘 되지 않던가요? 연습해도 잘 안 되는 경우였다면, 자전거 타는 법을 배우는 게 당연히 힘들었을 겁니다. '내 동생은 한 번 넘어지고는 잘 타는데, 나는 왜 안 되는 거야? 나는 운동신경이 처음부터 없는 거야'라며 속상해합니다.

그런데 부모가 되어 자기 아이가 배우는 모습을 보면 약간 다른 느낌을 갖게 됩니다. '이 아이는 빨리 배우겠네' '이 아이는 잘 타기까지 조금 시간이 걸리겠네' 하는 것을 순간적으로 알아챕니다. 배움에 어떤 차이가 있다는 사실을 금방 깨닫는 거죠. 문제는 그다음입니다.

어떤 부모들은 이 차이의 이유를 운동신경의 문제로 여기며 그냥 넘겨버립니다. '내 아이는 소질이 없나 보다'라고 생각하는 거죠. 그런데 사실 자전거 타는 법을 배우는 과정이 어렵고 힘들 수는 있어도, 배우지 못할 정도는 아닙니다. 자전거 선수까지 되는 건 다른 문제겠지만, 그래도 꽤 잘 타는 수준까지 가는 건 누구나 할 수 있습니다. 그게 반드시 운동신경의 문제일까요?

당연히 10번 연습해서 잘 타는 아이와 100번 연습해도 못 타는 아이는 있습니다. 그런데 그 10번과 100번의 차이가 과연 운동신경만의 문제일까 하는 것입니다. 심지어 부모인 내가 가르치면 100번을 타도 못 배우던 아이가, 친구가 가르쳐주면 갑자기 한 번 만에 잘 타게 되는 경우도 생깁니다. 그건 뭘까요.

우리는 흔히 이런 걸 '요령'이라고 말합니다. 자전거 타는 데에 요령이 있다는 것이지요. 10번 만에 그 요령을 스스로 빨리 깨치는 아이가 있고, 100번을 해도 그 요령을 빨리 깨닫지 못하는 아이가 있다고 생각하는 겁니다. 그렇다면 부모로서 해야 할 일은, '어떻게 하면 이른바 요령이라는 것에 빨리 접근하도록 이끌어줄까' 하는 문제겠지요.

저는 그 '요령'이 사고력이라고 생각합니다. 신체를 움직이는 것도 결국 생각의 문제이기 때문입니다. '뭐가 문제지? 이렇게 하면 나을까?' 이런 사고가 행동의 변화를 만듭니다. 가만히 보면 사고의 전환을 통해 행동을 잘 바꾸는 아이들은 자전거만 금방 배우는 게 아니라, 악기도 금방 배웁니다. 앞에서 말한 제 친구처럼 모든 과목을 잘하고 친구들과 사이도 좋은 만능맨들은 사고력의 응용 영역이 매우 넓은 사람인 겁니다.

오늘날 뇌과학이 발전하면서 회자되는 이야기가 있습니다. 인간이 가진 많은 능력이 이미 태어날 때의 뇌의 조건에 의해 결정된다는 것입니다. 그래서 '아, 나는 어차피 공부하고는 상관없는 사람이야'라고 포기하는 학생들도 많습니다.

그런데 좋은 부모들은, 좋은 선생님들은 여전히 재능보다 노력을 중요시합니다. 우리 아이보다 잘하는 아이를 보면 우선 부럽습니다. '왜 우리 아이를 저렇게 키우지 못했을까' '왜 나는 저런 아이들처럼 태어나지 못했을까'라는 부러움부터 먼저 듭니다. 하지만 좋은 부모라면 '그 친구를 부러워하지 않아도 돼. 너도 충분히 그런 일을 할 수 있어'라고 말할 겁니다.

생각해봅시다. '충분히 너도 할 수 있다'라는 것이 내 아이에 대한 욕심에 불과한 것일까요? 내 아이에게 더 노력할 것을 강요하는 일일까요? 꼭 그런 것만은 아닙니다.

좋은 부모들은 아이가 배움에서 어려움을 느낄 때 그 차이가 어디에서 오는지 이해하고 있고, 그 차이가 성장 과정에서 충분히 줄여질 수 있음을 인식하고 있습니다. 그런데 어떤 부모들은 그렇게 생각하지 않고 공부는 타고난 지능 탓을, 운동은 운동 신경 탓을 합니다. 마찬가지로 음악은 음악적 재능이 없다고 말하고, 수학은 수학머리가 없다고 말합니다.

물론 천재들이 있습니다. 그러나 우리 아이가 공부를 잘하고자 하는 건 놀라운 영재가 되는 걸 목표로 하는 게 아닙니다. 나중에 어른이 되어 일을 잘한다고 해도, 모두가 빌 게이츠나 스티브 잡스 같은 천재형 엔지니어가 되기를 원하지는 않습니다. 우리가 주목해야 하는 것은 배움에는 차이가 있다는 것을 인식하고, 그 차이의 원인을 이해하고, 그 원인을 해결하는 것입니다. 즉 같은 노력을 해도 더 좋은 결과를 얻을 수 있는 방법을 알고자 하는 것입니다.

관찰 3. 선생님 말씀을 한 번 듣고 이해하는 아이, 이해 못 하는 아이

또 하나의 경우를 들여다보겠습니다. 수업을 하다 보면 선생님의 설명을 한 번 듣고 이해하는 아이와 그렇지 않은 아이가 있습니다. 한 번에 이해하지 못하는 게 나쁜 건 아닙니다. 설명을 몇 번 듣든 결국 이해한다는 것이 중요하니까요.

다만, 여기에서는 한 번에 이해하는 아이와 그렇지 않은 아이로 나뉘는 이유에 주목하고자 합니다. 이유는 다양하게 생각해볼 수 있습니다.

첫째, 선생님이 설명할 때 사용하는 단어를 알고 있었는지 아닌지가 이해도의 차이를 만드는 경우입니다. 어휘력은 아이마다 차이가 있습니다. 어떤 환경에서 커왔는지, 어떤 책을 읽어왔는지, 어떤 것에 관심을 갖고 있는지에 따라 본인이 갖고 있는 단어의 양도 다르고 수준도 다릅니다. 당연히 더 많은 어휘를 알고 있는 아이들이 설명을 더 잘 이해할 것입니다.

둘째, 선생님의 설명을 집중해서 들었는지 아닌지도 차이의 원인이 될 수 있습니다. 애초에 설명을 이해하고자 하는 의지가 있었는지도 고려해야겠지요.

이렇듯 어휘력과 집중력, 의지의 차이로 이해도는 달라집니다. 그러나 이런 조건들이 비슷하더라도 이해도가 같지 않은 경우도 있습니다.

말에 대한 이해력도 차이가 나지만, 더 중요한 건 글에 대한 이해력의 차이입니다. 여러분은 학교 다닐 때 국어 과목에 자신이 있었나요? 솔직히 말하면 저는 초중고 시절 12년 내내 국어 점수가 낮았습니다. 그런데 앞에서 언급했듯이 어떠한 계기로 스무 살 때 국어 실력이 갑자기 쑥 올랐습니다.

그때 이후로 같은 문장이어도 국어에 약한 사람과 강한 사람이 읽어내는 의미에 차이가 있다는 것을 알게 되었습니다. 똑같은 문장에서 이 아이와 저 아이가 전혀 다른 것을 볼 수 있는 것입니다. 이것이 바로 문해력(文解力)의 차이입니다.

이 문해력의 차이는 아이들이 가장 힘들어하는 문제 중 하나입니다. 수학이나 과학 같은 과목들은 잘 가르치는 선생님을 만나면 성적이 쉽게 오르기도 합니다. 그런데 국어는 쉽지 않습니다. 국어 시간에 좋은 시를 읽어주고 재미있는 글을 많이 들려주는 선생님 이야기를 접해본 적은 있어도, 어떤 국어 선생님을 만나서 성적이 쑥 올랐다는 이야기를 듣기는 힘듭니다.

그 이유를 생각해보면, 우선 국어 선생님들이야말로 평균적인 사람들보다 국어에 강하기 때문입니다. 국어 선생님을 직업으로 선택한 사람은 어린 시절 문학소년, 문학소녀였을 확률이 큽니다. 어릴 때부터 책 읽기를 좋아했고 거기서 발전해 국어 선생님이 된 경우가 많다는 겁니다.

처음부터 글 읽는 것을 좋아했던 사람이 글 읽기를 어려워하거나 뜻을 잘 이해하지 못하는 아이를 지도하기란 쉽지 않습니다. 많은 선생님들이 국어 문제를 어려워하는 아이에게 이렇게 말합니다. "글을 잘 읽어보면 답이 나와." 아이들로서는 이해가 잘 안 됩니다. '저도 잘 읽어봤는데, 무슨 말인지 모르겠어요'라는 표정을 짓게 되지요. 선생님이야 이 글이 무엇을 주장하는지, 앞으로 어떻게 전개될 것인지 예측이 되지만 그걸 아이들에게 설명하기란 쉽지 않습니다.

우선은 어휘력을 많이 갖추는 게 중요합니다. 당연히 글 읽기에 흥미를 느끼고 집중하는 능력도 중요합니다. 그런데 '뜻을 파악하며 읽는' 것은 사고 구조와 관련이 있습니다.

어른의 예를 들면 쉽게 이해가 될 겁니다. 회사에 보고서를 제출합니다. 팀장의 눈에는 이 보고서의 핵심이 무엇이고, 이 보고서가 왜 쓰였는지 금방 이해가 됩니다. 일을 바라보는 사고의 수준이 높기 때문입니다. 그러나 신입 사원은 쉽지 않습니다. 반면 똑같은 신입 사원이라고 해도 같은 보고서를 읽고도 핵심이 어디에 있는지, 문제가 어디에 있는지 수월하게 파악해내는 사람이 있고 아닌 사람이 있습니다. 사람들 대부분은 내용을 이해하는 것도 어려워합니다. 다음으로는 내용을 요약하는 능력이 뛰어난 이들이 있습니다. 그러나 더 중요한 것은 그 많은 내용 중에서 핵심이 되는 부분이 무엇인지를 파악하는 것입니다. 많은 사람들은 이를 경력에 따른 업무 숙련도라고 생각합니다. 하지만 이는 글을 이해하는 능력과 사고하는 능력에 더 많이 관여되어 있습니다.

물론 책을 많이 읽고 아는 어휘가 많아지면 사고력을 높이는 데 도움이 됩니다. 그러나 단순히 많이 읽는다고 사고력이 자동으로 높아지는 건 아닙니다. 책을 100권 읽으면 좋겠지만, 문해력이 높은 아이들은 10권을 읽어도 훨씬 더 많은 것을 배웁니다. 문해력은 단순히 어휘를 많이 알고, 책을 좋아하는 것과 다른 차원의 능력임이 분명합니다. 그것은 무엇과 관계가 있을까요?

관찰 4. 새로운 환경에서 많은 것을 흡수하는 아이, 못 하는 아이

사고력의 차이는 아이만의 일이 아니라 어른에게서도 비슷하게 일어납니다. 예전에 한 고등학교의 교장 선생님과 해외 교육기관 연수를 갔을 때의 일입니다. 함께 보스턴 거리를 걷는 동안 교장 선생님은 다양한 흥밋거리를 찾아내고 그에 대한 자기 생각을 이야기했습니다.

똑같은 거리를 보고 걸으면서도 그저 외국의 정취에 압도되어 있던 저와는 비교도 안 될 만큼, 교장 선생님은 엄청난 양의 정보를 흡수하고 있었습니다. 연수 일정을 마친 후 감상을 나누는 자리에서 이 사실을 다시 한 번 확인할 수 있었습니다. 교장 선생님의 이야기에 담긴 어마어마한 정보량에 새삼 놀랐던 기억이 납니다.

어느 기업인과 해외로 여행을 떠났을 때도 비슷한 경험을 했습니다. 그분의 박학다식함에도 놀랐지만, 그보다 더 놀라웠던 것은 같은 상황에서 습득하는 정보량이 남들과 다르다는 사실이었습니다. 처음 가본 곳이었는데도 함께 걸은 지 30분 정도 지났을 때 "방금 지나온 거리에 근사한 카페가 세 군데 있던데, 어디로 갈까요?"라고 물어보는 것이었습니다. 겨우 한 시간 남짓 둘러보고 지역의 특징을 정확하게 집어냈습니다. 누가 시킨 것도 아닌데 습득한 정보의 양이 달랐습니다.

사람의 취향에 따라 관심사도 다르고 유독 더 관심이 가는 대상도 다를 것입니다. 분명한 건, 새로운 환경을 접했을 때 더 많은 것을 받아들이는 사람의 결과물이 훨씬 나을 수밖에 없다는 점입니다.

창조적 사고를 가진 아이로 키워야 한다는 주제는 꽤 오래 전부터 교육의 주된 목표였습니다. 그런 창의성 교육에서 가장 중요한 능력으로 '호기심'을 꼽습니다. 궁금한 것이 많아야 받아들이는 게 많고 궁금한 게 많아야 다르게, 새롭게 생각할 수 있기 때문입니다.

제가 이야기한 교장 선생님이나 기업인이 특별히 암기력이 좋고 길눈이 밝을 수도 있겠지만, 기본적으로 호기심이 많은 사람인 게 분명합니다. 그 호기심은 어떻게 생겨나고, 또 어떻게 커질 수 있을까요? 학교 성적과는 어떤 관계가 있을까요?

고득점을 올리는 학생들의 세 가지 공통점

이제까지 앞에서 살펴본 이야기들은 우리가 흔히 볼 수 있는 장면들입니다. 원래 사람마다 타고난 사고 능력이 다른가 보다, 하고 넘어갔던 장면들이지요. 그러나 저는 사고 능력은 타고나기도 하지만 연습하는 것이라고 생각합니다. 또한 사람마다 가진 사고 능력의 종류가 다르겠지만, 기본적인 공통점도 있다고 생각합니다.

제가 고득점을 올리는 학생들을 만나서 이야기할 때마다 느끼는 바가 있습니다. 우선 이야기하기가 의외로 편합니다. 공부를 잘하는 수재들인만큼 괴팍하고 자기만의 세계에 갇혀 있을 것 같지만 그렇지 않습니다. 그 친구들을 관찰해보면 다음과 같은 세 가지 공통점이 있습니다.

1. 어휘력이 풍부하다.
2. 남의 이야기를 집중해서 듣는다.
3. 능동적으로 자기 생각을 이야기한다.

'하나를 들으면 열을 안다'라는 말이 있습니다. 고득점 학생들을 가르쳐보면 확실히 하나의 의미를 이해하는 데 그치지 않고 열까지 헤아리는 능력이 뛰어나다고 느낍니다. 고득점 학생들이라고 모든 지식에 능통하지는 않을 것입니다. 다만 그런 느낌이 어디에서 오는지를 잘 생각해보면, 대화가 끊기지 않고 자연스럽게 연결된다는 것을 떠올릴 수 있습니다. 바로 앞의 세 가지 특징 때문입니다.

1번 특징에서 알 수 있듯이, 그런 학생들의 말은 쉽게 이해가 됩니다. 그들은 알고 있는 단어가 대단히 많습니다. 독서나 수험 공부 등을 통해 축적한 어휘의 폭이 무척 넓어서 한 가지를 설명할 때도 다양한 표현이 가능합니다.

2번은 특히 두드러지는 점입니다. 상대방이 대수롭지 않은 이야기를 해도 집중해서 듣습니다. 말하는 사람이 조금 부담스럽다고 느낄 만큼 귀를 기울입니다. 남의 이야기를 경청하는 것은 그만큼 집중력을 발휘하는 일이기도 합니다. 다시 말해 늘 집중해서 듣는 습관이 있다는 의미입니다. 집중력과 기억력은 비례하므로 뛰어난 기억력의 배경에 '집중해서 듣기'가 있는 셈입니다.

3번도 매우 뚜렷한 특징입니다. 다른 사람의 이야기를 집중해서 들으면서 그 내용을 자기 나름대로 소화합니다. 그리고 자기 생각을 능동적으로 표현합니다. 일상의 소소한 대화에서조차

이런 경향이 나타납니다. 집중해서 듣고 자기 생각을 정리해 표현하는 일련의 과정이 일상적으로 이루어지니, 학교나 학원 수업에서 다양한 문제를 마주할 때도 이 과정이 자연스럽게 진행됩니다.

이 세 가지 특징은 '배움'의 과정과 매우 닮았습니다. 배움은 어떻게 이루어질까요. 우선 지식의 양이 풍부해야 합니다. 역사 공부를 잘하려면 기본적으로 역사적 지식을 알아야 합니다. 단순히 교과서만 달달 외우는 게 아니라, 선생님이 어떤 지점을 중요하게 설명하는지, 각 교과서의 지식들이 어떻게 서로 연관되어 있는지를 집중해서 들어야 합니다. 그리고 마지막으로 자신이 잘 이해하는 건 무엇이고 자신이 잘 이해하지 못한 것은 무엇인지를 알고, 자기 방식으로 다시 설명하고 전달할 수 있어야 합니다.

이렇게 새로운 지식을 적극적으로 받아들이고 이해하고, 분석하고 재해석하는 사고 능력이 학교에서만이 아니라 일상적으로 이루어질 때 바로 유형 3의 배움이 이루어지는 것입니다. 그럴 때 비로소 한 시간을 공부해도 다른 결과가 만들어집니다.

그렇다면 구체적으로 유형 1, 유형 2, 유형 3의 배움이 어떻게 다른 양상을 띠는지 자세히 살펴보겠습니다.

알아서 공부한다는 게 과연 뭘까?

- 자기주도 학습 능력 키우기

많은 부모들이 자기주도 학습에 대한 중요성에 공감하고 있습니다. 자기주도 학습은 영어로 'self-directed learning'이라고 합니다. 다시 말해, 스스로 무엇을 배울 것인지 방향을 정하고 배워가는 과정을 밟는 겁니다.

　부모 입장에서는 내 아이가 하루라도 빨리 자기주도 학습을 잘 할 수 있는 아이가 되기를 바랍니다. 그러나 어떻게 해야 그 능력을 키울 수 있을지는 막막해합니다. 우선 자기주도 학습을 할 수 있는 능력은 아이마다 차이가 큽니다. 이 능력은 서서히 길러지는 것이며, 어른이 되어도 갖고 있지 못한 이들도 많습니다. 그러니 조급하게 마음먹지 않아야 합니다.

　그러면 과연 자기주도 학습이라는 게 뭘까요? 독학을 잘하는 게 자기주도 학습일까요? 자기주도 학습의 핵심은 바로 '능동성'입니다. 즉, '생각하며 공부하기'라고 바꿔 말할 수 있습니다.

혼자서 문제집을 풀든 선생님에게 수업을 받든, 공부하는 형식이 문제가 아니라 자신이 얼마나 능동적으로 지식을 이해하는지가 관건입니다. 예를 들어봅시다. 아이가 학습만화를 본다고 가정해볼까요. 다른 책과 달리 학습만화는 아이가 자발적으로 몇 번씩 보게 됩니다. 그러나 아이가 생각하지 않고 본다면 결국 학습만화의 웃긴 장면만 남게 될 것입니다. 아이가 영화를 본다고 합시다. 아무리 흥미로운 영화라도 자기만의 생각이 없이 본다면, 아이의 창의성이나 스토리텔링 능력이 커질 리 없습니다. 자기주도 학습 능력을 키워주고 싶다면 아이의 생각하는 능력부터 만들어줘야 합니다.

또한 목표 의식을 키워주는 게 중요합니다. '내가 왜 공부를 하는지, 무엇을 위해 공부하고 있는지'를 잘 알고 있는 아이가 자기주도적으로 학습하게 됩니다. 이 책에 나오는 '목적의식력을 높여주는 언어'를 활용해 아이의 능동성을 키워주면, 자기주도 학습 능력도 자연스럽게 커질 것입니다.

2장

'배움'에는 세 가지 유형이 있다

교육 칼럼을 쓰는 저에게 많은 부모들이 고민 상담을 해옵니다. 그중 이런 고민이 있었습니다.

학부모 A

늘 기사를 흥미롭게 읽고 있습니다. 이번에는 제가 질문을 드리고자 합니다. 저는 중학교 3학년 딸과 중학교 1학년 아들을 둔 학부모입니다. 둘 다 학교 수업도 착실히 듣고 학원도 잘 다녀서 성적은 그럭저럭 상위권이지만 1, 2등을 하지는 못합니다. 엄마인 제가 보기에도 열심히 하는 것 같은데, 아무리 해도 그 위로는 올라가지 못하네요.

"1등을 하는 친구와 학교에서도 학원에서도 똑같은 수업을 듣는데, 어째서 그만큼 성적이 나오지 않을까?"라며 아이도 속상해합니다. 어떻게 해야 1등 하는 친구처럼 될 수 있을까요? 무슨 좋은 방법이 없을까요?

제가 한 답변은 이러합니다.

답변

'똑같은 수업을 듣는데 왜 차이가 생길까?' 굉장히 좋은 시각입니다. 여기에는 중요한 본질적 문제가 숨어 있습니다. 함께 찬찬히 살펴볼까요.

중고등학교 때 반에서 공부 잘하는 학생을 보며 '똑같은 수업을 듣는데 왜 나와 다를까? 어떻게 저 애는 저렇게 잘할까? 학원에서도 같은 수업을 듣는데 어째서일까? 나도 열심히 하는데…' 하고 누구나 생각해보지 않았을까요? 이때 대부분은 '머리 구조가 다르겠지' '유전자가 좋은가?' '타고난 거야'라고 노력으로 극복할 수 없는 이유를 대며 자신을 합리화합니다.

물론 위와 같은 이유도 어느 정도 있을 수 있습니다. 드문 경우지만, 재능을 오롯이 타고나 천재성을 보이는 아이도 있겠지요. 그러나 이런 아이가 주변에 있을 확률은 몹시 희박하여 정작 찾아보기는 어렵습니다.

다음으로는 '공부 방법의 차이'를 이유로 생각해볼 수 있습니다. 실제로 공부에는 효과적인 메커니즘이 존재하고, 그 메커니즘을 따라가면 누구나 공부를 잘하게 됩니다.

자녀분은 이미 성적이 상위권이니 기본적인 공부 방법에는 큰 문제가 없어 보이는군요. 시험 공부의 마무리 단계가 허술하거나, 시험 중 검토 방식이 잘못됐을 가능성도 있습니다. 그러나 본질적인 문제는 아니겠지요. 그렇다면 같은 수업을 들어도 결과가 다른 이유는 대체 무엇일까요?

결론부터 말씀드리겠습니다. '잘하는 아이는 공부 시간이 아니어도 늘 배우고 있다'라는 사실입니다. 공부를 잘하는 아이들은 일상의 매 순간 배웁니다. 그러니 정해진 수업 시간에서 차이가 생기는 것은 아닌 셈이지요.

그리고 뒤이어 바로 앞에서 이야기한 배움의 유형 세 가지를 자세히 설명했습니다.

① 수업을 듣고 있어도 배우지 않는 아이

어디든 이런 아이가 꼭 있지요. 사실 저도 예외는 아니었습니다. "온전히 집중해서 수업을 들었나요?"라는 물음에 "네"라고 대답하지는 못하겠네요.

이 유형에 해당하는 학생들은 의자에 앉아 칠판의 글자를 공책에 옮겨 적는, 이른바 '자동필기 작업'을 묵묵히 수행합니다. 가끔 선생님의 농담에는 귀를 활짝 열고 집중합니다. 그리고 농담이 끝나면 다시 멍하니 자동필기 작업에 들어갑니다. 솔직히 많은 학생이 이에 속하지 않을까요. 학생들이 일과의 대부분을 차지하는 수업 시간을 이런 식으로 보낸다면 너무나 아깝겠지요. 유형 1에 해당하는 학생의 비율은 전체의 69퍼센트 정도입니다.

② 수업에서만 배우는 아이(정해진 시간에만 배우는 경우)

이 유형은 수업을 성실히 들으며 내용을 익히고, 집에서도 예습과 복습, 숙제를 철저히 하는 등 정해진 시간에는 확실히 배웁니다. 이러한 학생은 성적도 좋은 편이라 비교적 상위권에 듭니다. 학생들 대다수는 앞에서 설명한 유형 1에 속하니까요. 사연의 주인공은 반에서 상위권에 드는 유형 2에 해당하지 않을까 싶습니다. 이러한 학생의 비율은 약 24퍼센트입니다.

③ 깨어 있는 내내 배우는 아이

이런 아이들이 가장 공부를 잘합니다. 정말 이런 학생이 있을까 싶지만, 분명히 있습니다. 그들은 다른 이와 대화할 때나 텔레비전을 볼 때, 길을 걸을 때도 언제나 느끼고 생각하며 자기 의견을 정리하는 습관이 몸에 배어 있습니다. 자연스레 지식이 쌓이고 사고력이 깊어집니다. 논술 같은 글쓰기에서 자기 생각을 표현하는 데도 어려움이 없습니다. 흡수하는 정보량도 유형 1, 2에 비해 훨씬 많습니다. 이런 유형의 사람과 함께 여행을 해보면 금방 알게 되지요.

유형 3에 해당하는 사람은 전체의 7퍼센트 정도입니다. 배움의 유형이 이러니 당연히 같은 수업을 들어도 결과가 다르겠지요. 수업 중 태도뿐만 아니라 일상을 보내는 자세에서도 커다란 차이가 나타납니다.

과연 어떻게 하면 유형 3이 될 수 있을까요? 유형 3이 되기 위해서는 '발견하는 즐거움' '아는 즐거움' '생각하는 즐거움'을 깨달아야 합니다. 하지만 이런 즐거움을 깨닫는 일이 마음먹는다고 하루아침에 되지는 않습니다. 지금까지와 다른 방식으로 사고해야 하고, 그것이 습관으로 배어 자동화될 수 있도록 해야 합니다.

변화를 만들기 위해서는 지속적인 자극을 주는 게 필요합니다. 바로 부모와 선생이 그런 자극을 주는 역할을 해야 하지요. 그 방법 중 하나가 바로 '다르게 의견을 표현하도록, 다르게 생각해보도록 유도하기'입니다.

흔히 부모들은 아이들이 어떤 의견을 이야기하면 "그게 맞다고 생각해?"라고 묻습니다. 맞는지 그른지를 생각하게 하는 질문이 다르게 의견을 표현하는 방법이라고 하기에는 어렵습니다.

이미 유형 3으로 생각하고 있는 아이들에게는 맞고 틀림을 다시 고민하게 하거나, 그 이유를 물어봐도 괜찮습니다. 그런데 아직 생각하는 즐거움을 잘 모르는 아이의 경우 그런 질문이 부담으로 다가옵니다. '틀리면 어떡하지?'라는 불안부터 듭니다.

그것보다는 "한번 다르게 생각해볼까?"라거나 "다른 의견으로는 또 뭐가 있을 수 있을까?" 등의 말로 사고의 전환을 유도해야 합니다. 이를 통해 '발견하기 → 알기 → 생각하기'

과정을 진행합니다. 이때 아이가 내놓은 의견을 부정하는 일은 피해야 합니다. 그 답이 좋은가 나쁜가는 나중 문제입니다. 우선은 '머리를 다르게 굴려보는' 느낌을 갖게 하고, 그 느낌을 갖는 즐거움을 알게 해야 합니다. 그러려면 자기 생각을 이렇게도 표현하고, 저렇게도 표현하는 게 가능하다는 걸 느끼게 해야 합니다. 부모와의 대화가 '다른 방식으로 생각하기'로 이루어지고, 이런 대화가 습관이 된다면 당연히 학업에도 좋은 영향을 미치게 됩니다.

앞에서는 유형 3이 되는 방법으로 '다르게 생각해보는 사고'에 초점을 맞추어 답변을 드렸습니다. 이는 사고의 구조를 바꾸기 위한 여러 방법 중 하나입니다. 당연히 이 하나만으로 사고 구조가 달라지고 업그레이드가 되지 않습니다. 뒤에서 사고의 구조를 업그레이드하는 10가지 방법을 정리하겠지만, 그 10가지 방법을 잘 쓰기 위해서는 문제가 무엇인지부터 알아차려야 합니다.

우선 우리 아이가 어떤 유형으로 사고하고 있는지부터 잘 파악해봅시다. 부모가 아이를 잘 지도하기 힘든 이유는 자신의 자녀를 객관적으로 관찰하기 어려운 위치에 있기 때문입니다. 내 자녀는 과연 어떤 유형일까요?

유형 1. 수업을 듣고 있어도 배움이 이루어지지 않고 있다

첫 번째 '수업을 듣고 있어도 배움이 이루어지지 않고 있는 경우', 이 유형의 학생들에게는 크게 두 가지 특징이 있습니다.

- 자리에는 앉아 있는데 수업 내용은 거의 안 듣는다.
- 아무 생각 없이 칠판의 내용을 공책에 옮겨 적기만 한다.

유형 1이 수업을 전혀 안 듣는 것은 아닙니다. 선생님의 농담이나 재미있는 이야기는 귀를 쫑긋 세워 듣습니다. 수업이 재미있으면 배움이 저절로 잘 이루어지지 않을까요? 어느 심리 실험에 의하면 체계적이고 잘 정리된 내용으로 유창하게 진행하는 수업이든, 반대로 잘 정리되지도 않고 교수가 버벅거리는 강의든, 실질적인 학습 효과에서 큰 차이가 없었다고 합니다.

원래 이 실험의 결론은 수업 때 학생들이 수동적으로 앉아 있기만 해서는 안 되고 적극적으로 참여해야 한다는 것이지만, 의외의 시사점이 있습니다. 학생들의 강의 평가는 유창한 강의가 어수룩한 강의보다 두 배 이상 높았지만, 실제로 강의 내용을 얼마나 기억하는지 평가했더니 둘 사이에 차이가 없었다는 겁니다. 즉, 졸지 않고 수업을 재미있게 듣는다고 해서 정말 깨어 있는 것은 아니라는 뜻이지요. 학습 효과에 가장 영향을 크게 미치는 것은 학습 내용이 얼마나 흥미로운가였습니다. 이 말을 바꾸면 무엇이든 적극적으로 관심을 가지고 생각하며 듣는 학생들이 지루한 수업도 잘 견딘다는 말입니다.

그러나 어떤 일이든 시큰둥한 유형 1의 경우 지식이 뜨문뜨문 들어와 머리에 체계적으로 쌓이지 않고 한때의 '체험'으로 흘러가버립니다. 사회생활에 비유하면 주어진 일만 하고 그 이상은 생각하지 않는 경우에 해당합니다. 지침이 정확하게 정해져 있는 반복적인 일은 소화하지만, 딱히 현 단계에서 발전하려는 의지가 없습니다. 본인이 주도적이지 않으니 할 수 있는 일에도 한계가 있습니다.

예외도 있습니다. 배우고자 하는 의지가 없는데도 높은 성과를 내는 사람이 간혹 있는데, 바로 '천재적 능력의 소유자'입니다. 보통 사람 눈에는 천재적인 사람이 남의 이야기를 안 듣고, 배우려 하지 않고, 자기 세계에 갇힌 사람처럼 보이기도 합니다. 그러나 사실 이런 사람들도 들어오는 정보를 머릿속에 적극적으로, 자기만의 방식으로 입력하고 있습니다.

유형 2. 수업에서만 배우고, 생각할 때와 하지 않을 때를 분리한다

두 번째 유형, 수업 시간에만 배우는 아이는 흔히 말하는 성실한 학생입니다. 이런 유형의 학생은 남에게 신뢰받으며 어느 정도까지는 성장합니다. 부모, 선생, 친구 등의 인정을 중요하게 여깁니다. 공부를 잘하려는 마음을 가지고 있는 보통의 학생들이 여기에 해당합니다.

물론 정해진 시간에만 배우는 게 나쁘다는 뜻은 아닙니다. 나쁘기는커녕 이런 태도를 '바람직하다'라고 여기는 경향이 있습니다. 공부할 때는 공부하고, 놀 때 잘 놀자는 태도는 좋은 것이기도 합니다. 어른들은 이런 경향이 더 강합니다. 업무 시간에만 업무를 하고, 회사 밖을 나가면 업무를 완전히 잊어버리는 게 더 좋다고 생각하는 것입니다. 이러한 사고를 가진 사람들은 다음과 같은 세 가지 특징이 있습니다.

① '병행' '균형'이라는 표현을 자주 쓴다

유형 2에 해당하는 사람들은 '배우는 시간'과 '아닌 시간'을 구분합니다. 학생의 경우에는 '공부와 놀이의 병행' '공부와 동아리 활동의 병행'과 같은 표현을 즐겨 쓰고, 직장인은 '일과 생활의 균형'이라는 말을 자주 합니다. 이들에게는 공부와 놀이의 거리가 매우 멉니다. 일부러 분리시키는 경향도 있습니다. 이들에게는 서로 다른 두 가지의 균형을 잘 맞추는 것이 주요 과제가 됩니다.

이들은 시간을 나누어 사고하기 때문에 사고가 성장하는 데 '한계'가 있습니다. 1등을 목표로 하지 않는다는 특징도 있습니다. 어느 정도 하면 만족하지, 꼭 1등을 해야 하느냐고 생각합니다. 등수의 중요성을 말하는 게 아닙니다. 내가 지식을 받아들이고 이해하는 한계까지 가보는 즐거움을 느껴야 하는데, 적당한 수준에서 만족하게 되는 것입니다.

② '의지' '근성' '노력'만이 옳다고 믿는다

노력은 매우 중요합니다. 의지도, 근성도 중요합니다. 하지만 '노력'을 해도 안 될 때는 다른 이유가 있다는 것을 알고, 지금까지와는 다른 방법으로 바꾸려고 시도해야 합니다. 노력에 대해서 제가 이렇게 경계하는 이유는 우리가 흔히 말하는 노력이 '양적인 논리'에 가깝기 때문입니다. 책상 앞에 오래 앉아 있다고 좋은 성과를 내는 게 아닙니다.

또 하나의 큰 이유가 있습니다. 노력을 더 해야 한다는 생각은 '다르게' 사고하려는 것을 막습니다. 앞에서 제가 '다르게 표현해보기'의 중요성에 대해 말한 바 있습니다. 자신만의 방법으로 성과가 나지 않는다면, 다르게 사고하려는 시도를 해야 합니다. 그런데 '좀 더 노력하자'는 지금까지의 방법 자체는 문제가 없고, 양적으로 부족하다는 생각을 갖게 합니다. 왜 그럴까요?

노력을 더 많이 하는 건 생각의 방식을 바꾸는 것보다 쉽기 때문입니다. 투수가 투구폼을 바꾸는 것은 연습량을 늘리는 것보다 더 어려운 일입니다. 내가 한 시간 공부하다가 두 시간으로 공부 시간을 늘리는 건 금방 할 수 있는 일이지만, 내가 과연 이 과목을 완벽하게 이해했는가를 되짚으며 생각하는 건 쉽지 않기 때문입니다. 아이가 쉬운 방법에 머무르게 되는 것을 경계해야 합니다.

③ 더 위로 올라가지 못하는 자신을 탓한다

유형 2의 사람은 이른바 정점까지 올라가는 경우가 극히 드뭅니다. 노력에는 보상이 따라온다고 믿으며 열심히 노력하지만 어느 정도의 수준에 그치고 맙니다. 앞에서 상담했던 케이스처럼 상위권에는 있는데 1등을 하기가 힘듭니다. 이럴 때 어떤 아이들은 아무리 노력해도 1등을 못 하는 자신을 비하하고 죄책감을 느끼기도 합니다. 열등감이 쓸데없는 질투가 되거나, 결국 포기하게 될 때도 있습니다. 노력을 강조하지 않아야 한다는 이유가 여기에 있습니다. 잘못해서 '나는 노력해도 1등을 할 사람은 아니야'라는 고정관념이 자리 잡으면, 자신의 변화 가능성을 스스로 닫게 됩니다.

유형 3. 깨어 있는 내내 배우는 사람

세 번째 유형은 잠자는 시간을 제외한 모든 시간에 배우는 경우입니다. 유형 2에 속하는 아이의 하루를 살펴봅시다. 하루에 학교에서 여섯 시간 공부하고, 집에 와서 한 시간, 학원에서 두 시간 공부한다고 가정해보지요. 굉장히 열심히 공부하는 편인데도 하루에 총 아홉 시간밖에 되지 않습니다.

　깨어 있는 시간에 내내 배우는 유형 3에 해당하는 사람은 수면 시간이 여덟 시간일 경우, 나머지 16시간을 배움으로 채웁니다. 텔레비전을 보면서도, 등하굣길에서도, 친구와 놀면서도, 부모와 대화를 나눌 때도 배웁니다. 게임조차 배움의 시간일 수 있습니다.

많은 아이가 책상 앞에 앉아서 하는 것만 공부라고 착각합니다. 부모 또한 아이가 책상 앞에 앉아 있는 모습을 보면 어쩐지 안심이 되는 신비한 현상마저 일어납니다. 그러나 이 시간은 배움의 한 부분일 뿐, 정말로 공부 잘하는 아이는 책상 밖에서 많은 것을 배웁니다. 그리고 그 내용을 책상에서 공부할 때 적용합니다. 교육학에서는 유형 2처럼 공부하려고 마음먹었을 때 공부하는 것을 '의도학습(Intentional Learning)'으로, 유형 3처럼 일상의 사건에서 배움을 얻는 것을 '우연학습(Incidental Learning)'으로 구분합니다.

어릴 때는 모든 일에 호기심을 가지던 아이가, 초등학교에 들어가고 고학력이 될수록 매사에 흥미를 잃는 경우가 있습니다. 이는 의도학습의 중요성만 강요할 때 일어나는 전형적인 패턴입니다. 많은 부모가 아이들을 이렇게 키웁니다. 하지만 의도학습만으로 공부에 흥미를 느낄 수 있는 데는 한계가 있습니다.

항상 아이에게 뭔가를 가르쳐야 한다는 것으로 우연학습을 착각하는 부모들이 있습니다. 아이와 밥을 먹을 때, 놀 때, 텔레비전을 볼 때도, 계속 학교 수업과 연계된 지식을 전달하려고 하는 경향이 이에 속합니다. 그건 우연학습이 아닙니다.

어른들의 예를 보면 더 쉽게 이해가 될 겁니다. 유형 3에 속하는 직장인이라면 출퇴근길에, 점심시간에, 가족끼리 대화를 나눌 때, 심지어 휴일에 취미를 즐길 때나 카페에서 느긋한 시간을 보낼 때도 무언가를 생각하고 배웁니다. 그때 생각하고 배우는 게 꼭 회사 업무와 직접적인 관련이 있는 건 아닙니다.

표면적으로 볼 때는 업무를 하는 시간과 업무를 하지 않는 시간이 분리되어 있는 것처럼 보이지만, 무언가를 생각하고 관찰하고 이해하면서 뇌는 계속 움직이고 있습니다. 이게 바로 잠을 자는 시간만 빼고 배우는 것입니다.

물론 유형 3의 사람의 비율은 낮습니다. 여기서 이런 의문이 생깁니다. "유형 3은 아예 다르게 타고난 사람이 아닐까?"

그러나 성공한 사람들의 인터뷰나 고득점 학생들의 입시 성공기를 보면, 그들이 처음부터 유형 3의 사람은 아니었음을 발견할 수 있습니다. 그들도 어느 시점에 유형 1, 2에서 유형 3으로 업그레이드를 한 것입니다.

그렇다면 언제나 우연학습이 가능한 유형 3이 지닌 능력은 무엇일까요. '똑같은 공부를 하는 데도 왜 차이가 날까'라는 질문에 답을 찾는 건, 바로 이 능력을 키우는 일입니다. 이 능력에 대해서 좀 더 구체적으로 설명해보겠습니다.

내가 무엇을 모르는 걸까?

-인지와 메타인지에 대해

메타인지에 대한 관심이 높습니다. 메타인지란 과연 무엇일까요? 우선 메타인지는 1970년대에 발달심리학자인 존 플라벨이 만든 용어로 '자신의 생각에 대해 판단하는 능력'을 말합니다. 쉽게 말해 내가 무엇을 알고 있는지, 무엇을 모르고 있는지를 파악하는 능력입니다. 이후 이 개념은 여러 학자들에 의해 발전되어 왔습니다.

그 이론들을 종합하여 '인지'와 '메타인지'의 차이점 몇 가지를 쉽게 풀이하면 다음과 같습니다.

인지   나는 그 책을 알고 있다.

메타인지 나는 그 책의 내용을 이해하고 있는가?

나는 그 책의 내용을 활용하는 방법을 알고 있는가?

인지   이 책을 다 읽겠다.

메타인지 점심까지 이 책을 반쯤 읽었으니, 오늘 중에 다 읽을
수 있겠다.

인지   이 책을 읽는다.

메타인지 이 책에 내가 모르는 단어가 많으니, 국어사전을 옆
에 둬야겠다.

이처럼 메타인지적 사고를 하게 되면 자신의 능력과 한계를
정확하게 파악하여, 이를 보완하는 노력을 하게 됩니다. 예를 들
어 문제를 풀고 난 다음에 답만 맞추고 끝나는 게 아니라, 풀이
과정을 점검해보면서 공부를 하는 것도 메타인지 활동입니다.
시험을 볼 때 쉬운 문제부터 풀고, 어려운 문제는 나중에 푸는 것
역시 메타인지 활동이라고 할 수 있습니다.

3장

알아서 공부하는 아이는
'생각의 구조'가 다르다

앞에서 '공부 잘하는 사람은 자는 시간 외에 계속 학습한다는 것이 어떻게 가능할까?'라는 질문을 던졌습니다. 타고난 머리가 좋은 아이의 경우를 제외하고, 내내 배우는 건 결국 계속 '사고하는 능력'이라고 했습니다.

이 사고하는 능력을 좀 더 정확하게 설명해보겠습니다. 모든 교육 이론이 아이의 사고력이 중요하다는 이야기를 합니다. 그런데 사고력이라는 게 도대체 뭘까요? 뭔가 남다르고 기발한 생각을 한다는 걸까요? 아니면 집요하게 꼬리에 꼬리를 물고 의문을 가진다는 걸까요?

사고력에 대한 개념이 명확하게 없으니, 부모가 아이들에게 엉뚱한 신호를 주게 됩니다. 어떨 때는 이것저것 다양한 지식을 넣어주려고 하고, 어떨 때는 끈기로 파고들라면서 엉덩이를 의자에 오래 붙이고 공부할 것을 요구합니다. 조용한 환경이 공부에 도움이 된다고 하면 온 집 안을 적막하게 만들고, 작은 소음이 있는 편이 공부에 도움이 된다고 하면 음악을 트는 식입니다.

그런 개별적인 방법들은 각자 얼마든지 시도해보고 아이의 특성에 맞게 선택하면 됩니다. 핵심은 아이가 성장하면서 '스스로 자신의 사고력을 높이는 능력을 갖추어가고 있는가'입니다.

내용만 억지로 집어넣는 부모, 생각이 멈추는 아이

유형 3이 되는 것을 'OS'라는 용어를 활용해 자세히 설명해보겠습니다. OS는 컴퓨터 용어로 운영체제, 오퍼레이션 시스템(Operation System)의 약자입니다. 이를테면 윈도우 같은 것이지요. 스마트폰에 들어 있는 안드로이드나 iOS도 이에 해당합니다. 최근에는 스마트폰이 널리 보급되고 있으니, OS라는 개념이 쉽게 머리에 들어오실 겁니다.

이 OS가 없으면 프로그램이나 앱을 실행할 수가 없습니다.

윈도우가 깔려 있지 않은 컴퓨터에서 워드프로세서, 엑셀, 파워포인트 등을 실행할 수 없는 것도 같은 논리입니다. 스마트폰의 경우 안드로이드가 없으면 게임앱을 실행할 수가 없지요. 또한 OS가 계속 업그레이드되어야 계속해서 더 상위 버전의 프로그램을 쓸 수 있습니다. 윈도우 버전이 낮으면 최신 프로그램을 깔 수 없습니다. 즉 상위 버전의 소프트웨어를 쓰려면 OS와 버전이 잘 맞아야 하고, OS가 계속 업그레이드되어야 하는 것입니다.

예를 들어봅시다. 낮은 버전의 윈도우에 최신 프로그램을 깔 수는 있습니다. 그런데 간신히 깔았다 하더라도 작동이 잘 안 되거나, 컴퓨터가 다운됩니다. 반면 최신 OS를 갖고 있다면 어떤 프로그램이라도 쉽게 설치되고 부드럽게 작동할 것입니다.

여기에서 아이의 두뇌를 컴퓨터의 OS와 소프트웨어에 빗대어볼까요? 아이들에게는 영어, 수학, 국어, 과학, 사회 같은 교과목이 바로 소프트웨어입니다. 학교에서 다양한 과목을 배우는 과정을 '과목이라는 소프트웨어를 설치한다'라고 바꿔 말할 수 있습니다.

그런데 다음과 같은 문제가 발생합니다. OS 버전이 높으면 어떤 소프트웨어(과목)든 수월하게 설치하지만, OS 버전이 낮으면 조금이라도 높은 버전의 소프트웨어는 설치하지 못하고 시스템이 멈춰버리는 것입니다.

초등학교 교과 수준에 맞는 두뇌 OS가 탑재된 아이라면 초등학교 때는 별문제가 없지만, 중학교에 올라가면 내용을 받아들이지 못하고 두뇌 OS가 다운되고 맙니다. 중학교 학업 수준에 맞는 두뇌 OS를 탑재했다면 고등학교에 가서 시스템 오류가 발생하지요.

게다가 과목이라는 소프트웨어는 매년 버전이 올라갑니다. 중1 수학, 중2 수학처럼요. 이때 두뇌 OS는 어떨까요? 두뇌 OS도 해를 거듭할수록 서서히 버전이 올라갑니다. 아이에 따라 버전 1에서 버전 2로 크게 업그레이드되기도 하고, 버전 1에서 버전 1.1 또는 버전 1.01 같이 아주 소폭만 변경되기도 합니다.

다시 말해, 전면적으로 두뇌 OS 버전을 업그레이드해 나가는 아이도 있고, 일부를 변경하는 데 그치는 아이도 있습니다. 이것이 바로 '학력 차이의 진실'입니다. 일상의 모든 것이 배움인 사람은 두뇌 OS 버전이 높은 사람인 셈입니다.

대부분 부모는 새로운 소프트웨어(교과목)를 어떻게든 설치하려고 억지로 공부를 시키거나 학원에 보내는 등 여러 방법을 동원합니다. 두뇌 OS 버전은 그대로인데 더 높은 수준의 소프트웨어를 욱여넣으려 하니, 설치는커녕 시스템이 그대로 멈춰버리고 마는 것이지요.

두뇌 OS를 노력으로 업그레이드할 수 있을까

혹시 마음 한구석이 '뜨끔'하지는 않으셨나요? 그랬다면 두뇌 OS에 대해서 또 하나의 지점을 짚어보겠습니다.

컴퓨터는 출시 단계에서 OS 버전이 정해져서 나옵니다. 예를 들어 지금 컴퓨터를 사면 윈도우10이라는 OS가 들어 있습니다. 구매 후에는 프로그램 업체에서 OS 버전을 업그레이드해줍니다. 그래서 OS 버전은 구매했을 때보다 점차 높아집니다.

그렇다면 인간은 어떨까요? 컴퓨터의 OS가 출시 단계에서 정해지듯이 인간도 '출시 단계'에서 두뇌 OS가 결정될까요? 이 말은 '타고난 머리'와 같은 맥락입니다.

'지능은 유전에 영향을 받는다'와 '환경에 따라 변화한다'라는 연구 결과가 모두 존재합니다. 게이오대학의 안도 주코 교수는 『유전 마인드』라는 책에서 '논리적 추론 능력' '공간성 지능'과 같은 능력은 유전의 영향이 70퍼센트라는 주장을 펼쳤습니다. 한편 미국 심리학자 아서 젠슨은 '유전과 환경은 상호작용을 한다'라고 주장했습니다.

오늘날에는 유전적 요소와 환경적 요소가 상호작용을 한다는 인식이 더욱 보편적입니다. 이는 유전적 장점이 있다고 해도 그것이 드러날지 말지는 어디까지나 환경이 좌우하며, 타고난 능력도 환경에 따라 후천적으로 크게 변화한다는 뜻입니다.

두뇌 OS도 이와 마찬가지입니다. 타고난 두뇌 OS는 환경에 따라 후천적 요인에 크게 좌우됩니다. 스포츠와 예술 분야에서 탁월한 능력을 발휘하는 아이를 보면 확실히 타고난 재능이 중요하다는 것을 실감합니다. 하지만 이때도 재능을 꽃피울 환경과 훈련이 뒷받침되었기에 가능한 일입니다.

공부에서도 특출한 두각을 나타내는 아이가 있습니다. 제가 지금까지 만난 학생들 중에 영재라고 불릴 만한 아이는 아니어도 초등학교 4학년 때 이미 중고등학생 수준의 능력을 발휘하는 아이들이 상당수 있었습니다. 이런 경우는 도저히 일반 교육의 힘으로 그만큼 성장했다고 보기가 어렵습니다. 주변에서도 이들을 '특별한 아이'로 인식합니다. 그러나 이런 아이들도 성장하면서 의식적으로 두뇌 OS를 높여가야 합니다.

어릴 때 영재 소리를 듣고 뉴스에도 나오던 아이지만 성장하는 과정에서 평범하게 자라는 경우도 많습니다. 그건 두뇌 OS가 좋게 태어난 아이라고 해도, 성장 과정에서 버전을 계속 업그레이드해야만 한다는 뜻이기도 합니다. 일머리에 비유하면 금방 이해가 되실 겁니다. 명문대학을 졸업했다고 해도, 직장에서 필요한 능력을 특출 나게 갖고 있지는 않다는 것을 잘 아실 겁니다. 마찬가지입니다. 초등학교 때 학습 성과가 좋다고 해도, 중고등학교에서 어떻게 두뇌 OS를 업그레이드하느냐에 따라 그 성과가 계속 이어질 수도 있고, 반대로 떨어질 수도 있습니다.

그러나 두뇌 OS의 버전이 높으면 낯선 환경, 처음 접하는 지식이라고 해도 배우는 데 큰 어려움을 겪지 않습니다. 사회생활도 이와 비슷합니다. 두뇌 OS 버전이 높은 사람은 부서가 바뀌고 담당 업무가 달라져도 처음부터 다시 배우느라 고생하지 않습니다.

물론 두뇌 OS가 높다고 해서 대번에 새로운 지식을 받아들이고 이해하는 건 아닙니다. 중학교에서 고등학교로 갔을 때, 쉬운 것도 어려워하는 듯한 시기가 있을 수 있습니다. 적응기를 겪는 것이지요. 그러나 두뇌 OS가 높은 아이들은 그 시기가 짧게 지나갑니다. 오히려 나중에 학습 내용이 더더욱 어려워져도 그것을 따라갑니다.

두뇌 OS가 높아지면, 표면적으로는 다른 표현을 하고 있어도 실질적으로는 같은 말을 하고 있다는 것을 금방 이해하게 됩니다. 두뇌 OS가 높아질수록 공부가 편해집니다. 학년이 올라가면서 점점 공부가 어려워진다면, 단편적인 지식만 주입하고 있기 때문입니다. 두뇌 OS가 높아지면 지식의 저장 용량을 커지는 게 아니라, 지식과 지식을 오버랩하고 압축할 수 있는 능력이 커집니다.

그러면 두뇌 OS를 높이는 일은 무엇일까요? 선행학습을 하면 높아질까요? 선행학습은 앞으로 깔아야 할 소프트웨어(새로운 학습 내용)를 미리 살펴보아, 적응을 빨리 하기 위한 일입니다. 선행학습은 전형적으로 유형 2의 의도학습을 늘리는 것입니다. 선행학습에 대한 판단은 부모들과 아이들 각자가 하는 것이겠지만, 선행학습이 효과를 보기 위해서라도 두뇌 OS의 수준을 높이면서 유형 3의 아이로 변화할 수 있는 환경을 만들도록 노력해야 합니다.

내 아이의 두뇌 OS는 언제 결정될까

물론 두뇌 OS는 인간이 성장하는 과정에 자연스럽게 업그레이드됩니다. 어른이 유치원에 다니는 서너 살짜리 아이와 어울려 논다고 생각해봅시다. 일부러 아이의 눈높이에 맞춰서 놀아주는 게 아니라 어린아이와 동등한 관계의 친구로서 함께 지내는 상황이라고 상상해봅시다. 너무 단순하고 지루해서 금방 질려버릴 테지요. 그렇게 느끼는 이유는 당연히 성인의 두뇌 OS 버전이 유치원생보다 훨씬 높기 때문입니다.

인간은 성장하면서 정보를 처리하고 사고하는 능력이 저절로 향상됩니다. 중학생과 성인만 비교해봐도 금방 알 수 있습니다. 성인이 되어 중학교 국어 시험의 지문을 읽어보면 열다섯 살 때보다 내용을 더 쉽게 이해하고, 문제의 답도 훨씬 수월하게 찾습니다. 여기서 짚어봐야 할 점은 따로 국어 공부를 한 적도 없는데 어째서 중학생 때보다 문제가 더 쉽게 느껴지는가, 하는 부분입니다. 이유는 그 시절보다 두뇌 OS가 높아졌기 때문입니다.

게다가 앞에서 언급한 대로 우리는 유전적 영향도 받지만 후천적 환경에 실로 엄청난 영향을 받습니다. 별다르게 국어 공부를 안 했더라도 인생의 경험이 늘어나면서 문맥을 이해하는 능력, 앞으로 일어날 일을 예감하는 능력이 높아져 있습니다.

이렇게 의도적인 노력 없이도 인간은 누구나 타고난 두뇌 OS가 어느 정도는 자연적으로 성장합니다. 그러나 의도적으로 '성장하는 노력'을 하지 않으면 어떤 수준 이상으로 올라가기 어렵습니다. 고등학생 때 풀던 수학 문제를 정작 어른이 되어서는 잘 풀지 못해 쩔쩔맬 때가 있습니다. 단순히 예전에 배웠던 것을 잊어버렸기 때문만은 아닙니다. 그 수준의 문제를 처리할 수 있었던 생각의 구조가 어른이 되어서는 사라진 것이기 때문입니다. 수학 문제를 처리할 수 있던 두뇌 OS가 다운그레이드가 된 것입니다.

이처럼 같은 나이의 아이여도, 같은 시간을 공부해도, 평소에 두뇌 OS를 업그레이드하기 위해 어떤 자극을 받아왔느냐에 따라 다른 결과를 낳습니다. 초등학생에서 중학생으로, 중학생에서 고등학생으로 넘어가는 과정에서 두뇌 OS가 저절로 향상되기를 기다리기보다는, 의식적으로 두뇌 OS를 키우는 데 집중하면 그 효과가 더 큽니다. 부모와 선생의 도움을 받아 보다 이른 시기에, 지속적으로 두뇌 OS를 키우는 자극을 받는다면 어떤 아이든 더 큰 폭으로 성장할 수 있습니다.

두뇌 OS를 키우는 일은 교육의 본질적인 목적과 맞닿아 있습니다. 인간의 사고 능력은 자동으로 업그레이드되지만 교육을 통해서 그 능력을 더 빠르게, 더 높게, 더 제대로 키울 수 있습니다. 무엇보다 스스로 자신의 사고를 높일 수 있는 능력을 키우는 것이 교육의 궁극적인 목적입니다. 인생은 결국 '독학'이라고 생각합니다. 세상을 살아가기 위해서는 자신에게 필요한 것들을 스스로 배우는 능력을 갖춰야 합니다. 모든 교육은 결국 '스스로 학습할 수 있는 힘', 즉 스스로 자신의 두뇌 OS를 업그레이드할 수 있는 힘을 키우는 일과 함께해야 합니다.

그리고 이 힘을 키우는 데 교사와 부모의 역할은 매우 큽니다. 어떤 시기에 어떤 선생님을 만나느냐에 따라 아이의 사고력이 확 달라집니다. 집에서 부모가 어떻게 아이를 대하느냐도 매우 중요합니다. 완벽한 성인이 되기 전까지 아이는 부모의 영향을 지대하게 받습니다. 인성, 생활습관, 취향만이 아니라 사고의 구조도 부모에 의해 많이 달라질 수 있습니다. 그러니 부모가 해야 할 일은 내 아이의 특성을 잘 파악하고, 두뇌 OS를 스스로 업그레이드할 수 있는 좋은 환경을 만들어주는 것입니다.

생각의 구조란 과연 무엇일까

이제 두뇌 OS가 무엇인지 개념을 이해하셨을 겁니다. 제가 OS라는 비유를 쓴 이유를 다시 한 번 정리해보자면 다음과 같습니다.

첫째, 아이의 배움이라는 것은 내용을 집어넣는 일이 아니라, 생각의 운영체제를 높여주는 일이다.

둘째, 아이의 배움에서 중요한 역할을 하는 생각의 운영체제는 한 번에 정해지는 게 아니라, 지속해서 업그레이드되어야 한다.

셋째, 아이의 배움에서 생각의 운영체제를 업그레이드하는 일은 후천적으로 가능하고, 환경적 요인이 중요하다.

넷째, 아이가 자기 생각의 운영체제를 스스로 업그레이드하는 능력을 갖추게 되면 그게 바로 유형 3, 즉 항상 배우는 상태가 된다.

두뇌 OS라는 개념으로 설명하지 않으면 많은 부모들이 이렇게 이야기합니다. "결국 생각하는 힘을 키우라는 뻔한 이야기 아닌가요?" 그건 '생각한다'가 무슨 뜻인지 잘 모르기 때문입니다. 물어보겠습니다. 여러분은 '생각한다'가 무슨 뜻인지 설명할 수 있습니까? '생각한다'라는 표현을 그저 습관처럼 의미도 모르고 사용하고 있지는 않습니까?

"잘 생각해봐."
"생각해보면 알게 돼."
"제대로 생각하지 않으니까 그렇지."
"다 같이 생각해보자."

가정에서, 학교에서, 회사에서 일상적으로 우리는 이런 표현을 사용합니다. 그러나 많은 경우 '뚜렷한 방법'을 모를 때 저런 말을 씁니다. 뭔가 문제가 있는 건 알겠는데 어떻게 설명할 방법이 없을 때 이렇게 말이 나오는 겁니다. 앞서 국어 선생님이 아이들에게 "잘 읽어보면 알 수 있어"라고 하는 말과 똑같이 사용하고 있는 겁니다.

어른도 '생각'의 의미를 잘 모르는데 하물며 아이들은 말할 필요도 없겠지요. 아이에게 "잘 생각해봐"라고 말한들 무슨 뜻인지 모르니 두뇌 시스템이 멈춰버릴 수밖에 없습니다. '생각'의 의미를 모르는 직원에게 "진지하게 생각해봐"라고 말할 때도 마찬가지입니다. 자신이 가진 두뇌 OS에서 처리할 수 없는 정보가 들어왔는데 제대로 생각하지 않는다는 말을 듣는다면, 그냥 생각 자체가 멈추게 되는 일이 벌어질 수 있습니다.

그렇다면 부모가 해야 할 일은 '생각하기'가 정확하게 무엇인지를 파악하고, 그 생각의 구조가 만들어질 수 있는 환경을 제공하는 것입니다. 과연 '생각을 한다'는 것은 무엇일까요?

교과서를 읽지 못하는 아이들

- 문해력 기르기

많은 학습 과정이 읽기, 쓰기를 통해서 이루어집니다. 그런데 글을 읽어도 무슨 소리인지 모를 때가 있습니다. 어떤 글을 써야 할지 막막할 때가 있습니다. '문해력'이 떨어지는 겁니다.

문해력이란 무엇일까요. 기본적으로 글자를 이해하는 능력을 말하지만, 글자를 다루는 능력은 여기에 그치지 않습니다. 문해력은 글의 표면에 나타나는 의미만이 아니라, 그 의미들 사이에 숨어 있는 저자의 의도를 이해하는 능력, 그 의미가 배경으로 하는 사회적, 문화적, 역사적 맥락을 이해하는 능력, 그리고 그 글의 의도를 비판적으로 읽는 능력을 말합니다.

여기서 '비판적으로 읽는다'는 것은 글의 의도를 반대한다는 게 아니라, '이러한 이유로 나도 같은 생각이다' '이러한 이유로 이 글은 문제가 있는 것 같다' '이러한 이유로 이 글을 읽고 나니 더 찾아보고 싶은 내용이 생겼다' 등의 생각을 갖게 되는 것을 말합니다.

문해력이 높은 아이는 자신이 읽은 글을 자기의 말로 요약하거나, 반대로 더 자세히 설명할 수 있습니다. 그리고 그 생각을 글로 쓸 수 있는 것까지 나아갑니다.

문해력은 꼭 연령에 비례하지는 않습니다. 어른이 되면서 문해력이 커질 확률은 높아지지만 성인의 문해력이 떨어지는 문제점을 지적한 연구도 많습니다.

문해력이 떨어지는 이유가 뭘까요? 우선 '모르는 단어'가 많기 때문입니다. 계약서에 있는 어려운 단어를 모른다면 당연히 문해력이 떨어지는 것입니다. 또 사회, 문화적 배경 지식이 너무 낮을 때도 문해력이 떨어집니다. 비슷한 주장을 하는 글이 10년 전에 나왔을 때와 10년 후에 나왔을 때의 의미는 다를 것입니다. 무엇보다 내가 왜 이 글을 읽는지, 이 글은 무엇을 위해 쓰였는지를 알고 있지 못하면 문해력이 떨어질 수밖에 없습니다. 여기서는 장르에 대한 이해도 큽니다. 신문기사와 소설의 차이를 이해하지 못하면 이 기사가 제대로 된 기사인지, 이 소설이 감동을 주는지를 파악할 수 없습니다.

문해력을 키우는 법에 대해서는 '천천히 읽기' '토론하며 읽기' '많이 읽기' '독서록 쓰기' 등 다양한 의견들이 있습니다. 하지만 그런 방법들을 무작정 따르기보다는 '왜 글을 이해하지 못하는지' 그 이유를 정확하게 아는 것이 가장 중요합니다.

4장

메타러닝
- 스스로 사고력을 높여가는 것

'생각을 한다'는 것은 크게 두 가지 측면이 있습니다. 하나는 '의미를 이해한다'는 것입니다. 또 다른 하나는 '직관이 빠르다'는 것입니다. 이 중에서 직관의 문제는 조금 이해하기 어렵습니다.

직관은 과정보다 결과를 먼저 제시하는 능력입니다. 쉽게 말하면, 정확한 이유는 알 수 없지만 '이게 답일 것 같다'를 찾아내는 능력이겠지요. 시험 문제를 풀 때 여러 보기 중에서 유독 어떤 답이 눈에 빨리 들어오는 것과 비슷합니다. 그러나 직관이 비단 객관식 문제에서 답을 잘 찾는 능력을 말하는 건 아닙니다.

저는 직관은 '가설'을 세우는 능력에 더 가깝다고 생각합니다. 겉으로 드러난 정보가 아직 얼마 없지만, 실제로는 이런 이유가 있을 거라고 짐작하는 겁니다. 과학자들의 경우 직관의 힘이 중요합니다. 과학의 영역에는 어떤 가설을 세워놓고 그것을 증명해가는 과정이 많습니다. 수학적 이해가 뛰어난 사람도 직관의 힘이 강합니다. 뒤에서 자세히 설명하겠지만, 이 직관의 힘은 사고력 중에서 추상적 사고와 관련이 높습니다. 수학은 추상적인 사고를 필요로 하는 과목이기 때문입니다.

어쨌든 이 직관의 힘도 기본적으로는 '의미를 이해하는 능력'이 없다면 생기지 않습니다. 의미를 이해한다는 건 뭘까요? 의미를 안다는 것을 단지 '아는 게 많아지는 것'이라고 착각하는 부모들이 있습니다.

최근에 주목받고 있는 '메타러닝(Meta-Learning)'이라는 개념이 있습니다. 메타러닝은 인공지능(AI)이 어떻게 스스로 학습하고 이해하는지를 설명하는 데서 나온 개념입니다. 메타러닝은 자신이 무엇을 알고, 무엇을 모르는지를 구분하는 메타인지로부터 파생되었습니다.

이제는 널리 알려진 설명이지만 인공지능의 핵심은 '스스로 배우는 것'입니다. 그러기 위해서는 내가 무엇을 아는가만 중요한 게 아니라, 내가 무엇을 모르는가도 함께 사고해야 합니다. 오히려 후자가 더 중요하다고도 할 수 있습니다.

잘 알려진 예를 한번 살펴볼까요. 인공지능이 고양이를 판단하는 문제를 예로 들어봅시다. 인공지능이 처음 보는 저 동물이 고양이인지 아닌지를 알려면 세상 모든 고양이의 데이터를 수집하는 게 아니라, 고양이에 가까운 것과 고양이에 먼 것을 구별해야 합니다. 그러면서 스스로 '고양이'라는 개념을 만들어가야 합니다. 고양이에 대해서 내가 무엇을 알고 있고, 무엇을 모르고 있는지 파악하는 과정일 수밖에 없습니다. 이렇게 할 때만 비로소 스스로 학습이 이루어지고, 스스로 학습할 때 훨씬 더 높은 사고력으로 나아갈 수 있다는 것. 이것이 바로 메타러닝의 핵심 개념입니다.

그간 '호기심을 갖는 것, 질문을 던지는 것'의 중요성에 대한 이야기를 많이 들어왔을 겁니다. 그런데 이런 의문이 있지는 않았나요? '그게 공부하고 무슨 상관일까. 오히려 배워야 할 지식을 하나라도 더 많이 이해하기 바쁜데, 무슨 호기심을 갖고 질문을 던져?' 맞는 말입니다. 그건 지금까지 사고력에 대한 많은 오해가 있었기 때문입니다. 엉뚱한 아이디어를 던지고, 비판적인 입장을 가지는 게 사고력을 키우는 것은 아닙니다.

메타러닝에서 볼 수 있듯이, 사고력이 높아진다는 것은 스스로 생각할 줄 아는 겁니다. '내가 뭘 모르지?' '내가 뭘 알고 있지?' 이렇게 아는 것과 모르는 것을 구분하고, 모르는 것을 발견하면 이를 해결하고자 하는 의문을 갖는 과정까지 나아가는 것입니다. 이게 바로 '의미를 이해하는 것'의 온전한 의미입니다.

특히 기술의 급격한 발달로 정보 자체를 갖는 것이 쉬워지고, 정보의 양도 급증했습니다. 과거처럼 새로운 정보를 갖는 것 자체로 충분했던 시절이 이미 아닙니다. 교육 현장에서도 아이들을 평가하는 기준이 고급 지식을 많이 찾아내느냐가 아니라, 그 지식을 얻기 위해 어떻게 접근하는지, 그 지식을 가지고 어떻게 사고하는지를 평가의 기준으로 삼고 있습니다.

부모들이 간혹 저에게 이런 상담을 합니다. 요즘 아이들이 공부하는 내용을 보면 말은 쉬운 것 같은데 뜻을 이해하기가 어려워서 설명해주기가 힘들다는 겁니다. 부모 세대들은 사고 능력 자체를 검증하려는 시험 문제를 별로 접해본 적이 없기 때문입니다.

'의미를 파악하는 능력'이 단적으로 드러나는 분야는 바로 '문해력'입니다. 최근 아이들의 문해력이 떨어지고 있다는 우려의 목소리가 많습니다. 한 부모의 상담을 예로 들어보겠습니다.

'생각하는 힘'이 없는 아이

학부모 B

중학교 2학년 아들이 있습니다. 저희 아이는 원래 국어를 어려워하고 어렸을 때부터 책도 잘 읽지 않았습니다. 국어 실력을 기르는 데 독서가 도움이 된다고 듣긴 했지만, 억지로 시키면 안 좋을 것 같아서 지금까지 지켜보기만 했습니다. 그렇다고 달리 국어 공부법을 아는 것도 아니고, 어떻게 해야 좋을지 전혀 감을 잡지 못하고 있습니다.

아이가 글을 제대로 이해하지 못하는 것 같은데, 문해력을 늘리려면 어떤 방법이 좋을까요? 조언을 부탁드립니다.

답변

'국어를 어려워하는 아이, 문해력이 부족하고 책을 읽지 않는 아이에게는 어떤 방법이 좋을까?'라는 질문을 참 많이 받습니다.

초등학생 때는 중학교 입시를 준비하지 않는 이상, 고만고만한 실력으로 대충 얼버무리는 것이 가능하지만 중학교에 들어가면 그런 방법이 더는 통하지 않습니다. 그런데 곰곰

이 생각해보면 국어를 어떻게 공부해야 할지 누가 딱히 알려준 적이 없습니다. 어릴 때부터 책을 많이 읽은 아이가 국어를 잘한다고는 하지만 좋아하지도 않는 책을 억지로 읽힌다고 능사는 아니지요.

물론 독서를 즐긴다면 더할 나위 없이 좋겠으나, 활자와 점점 멀어지는 현대사회에서 과연 독서가 국어 실력을 기르는 유일한 방법일까요? 싫어하는 책 읽기를 억지로 시키면 오히려 책에 대한 거부감만 심해질 수 있습니다.

'국어를 못하는 원인'은 뭘까요? 아이가 글을 읽는 모습을 본 적 있으신가요? 집에서 숙제를 하거나 문자메시지를 읽고, 텔레비전의 자막을 보는 일도 이에 포함됩니다.

사실 글을 읽는 방법은 두 가지입니다. 첫 번째는 '의미를 이해하며 읽기'입니다. 내용을 확실히 파악하는 것은 물론이고, 어떤 의미로는 그 글에 완벽히 몰입한 상태입니다. 또 다른 방법은 무엇일까요? '글자만 따라가며 읽기'입니다. 글자만 따라간다는 말은 활자의 나열을 눈으로 좇기만 한다는 뜻입니다.

설마 이렇게 읽는 아이가 있을까 싶겠지만, 실제로 대단히 많습니다. 두 가지 방식 가운데 어떤 읽기를 하고 있는지 옆에서 봐서는 알 수가 없습니다. 그저 읽고 있는 겉모습만 볼 뿐입니다. 여기에 커다란 함정이 숨어 있습니다. 주변 사람은 진짜 원인을 알지 못하니, 대책을 마련할 방도가 없다는 것입니다.

저는 초등학교 때부터 쭉 국어 실력이 엉망이었습니다. 게다가 고등학교 국어 시간에는 졸거나 딴짓을 하며 시간을 보내기 일쑤였습니다. 수업은 지루하고 교과서 내용도 재미없어 보여서 도통 흥미가 일지 않았습니다.

그때 저는 '글자만 따라가며' 읽고 있었습니다. 시험 문제의 답 찾기가 제게는 보물찾기를 할 때처럼 꼭꼭 숨겨진 의미를 찾아내는 일이기도 했습니다. 아무리 봐도 답이 보이지 않았습니다. 의미를 이해하지 못한 채로 열심히 해봤자 국어 성적이 오를 리 없었지요.

의미를 파악하는 힘이 없으니 영어에서도 금방 한계가 드러났습니다. 수학도 공식을 대입할 뿐 원리를 이해하지 못했습니다. 당연히 공식을 벗어난 문제는 풀지 못하고 문제의 유형에 따라 또 다른 공식을 외울 수밖에 없었습니다.

그런 제게 결정적 계기가 찾아왔습니다. 국어 성적이 반년 만에 두 배로 껑충 오른 것입니다. 어떻게 그런 일이 가능했을까요? 바로 '생각하는 힘'이 생겼기 때문입니다. 즉 '의미를 파악하는 힘' 덕분이었습니다.

'생각하는 힘'이 생기면 문해력이 따라오므로 성적도 오르기 마련입니다. 누구든 터득할 수 있는 능력이긴 하나 '생각하기'를 아무도 알려주지 않는다면 공부 못하는 아이는 언제까지나 그 상태로 남게 됩니다.

최근 교육계에서 '문해력이 떨어지는 아이들'에 대한 이야기가 자주 화제로 떠오르고 있습니다. 실제로 의미를 파악하는 아이보다 그렇지 않은 아이의 수가 압도적으로 많습니다.

여기에서 앞서 언급했던 두 가지 읽기 방법에 대해 구체적으로 살펴보겠습니다. 첫 번째는 '글자만 따라가며 읽기', 두 번째는 '의미를 이해하며 읽기'입니다. 이 두 가지 방법은 어떻게 다를까요?

① 국어 문제에서 "주인공은 왜 ○○ 같은 행동을 했을까요?"라고 물을 때

→ 글자만 따라가는 아이는 글에서만 답을 찾는다.

→ 의미를 이해하는 아이는 '보통 ○○ 같은 행동은 하지 않을 텐데'라고 생각한다.

② 영어책에서 "I don't like Ken, because he is always late for school."을 해석할 때

→ 글자만 따라가는 아이는 '나는 켄을 좋아하지 않는다. 왜냐하면 그는 늘 학교에 지각하기 때문이다'라고 해석하고, 다음 문장으로 넘어간다.

→ 의미를 이해하는 아이는 '지각한다고 싫어할 필요까지 있나?' '뭔가 다른 이야기가 나오려나 보다' 하고 생각한다.

이것이 '의미를 이해하는 아이'와 '글자만 따라가는 아이'의 차이입니다. 즉, 생각하는 능력이 있고 없고의 차이입니다. 글자로 제시된 문장을 그저 읽는 게 아니라, 그 문장이 담고 있는 여러 상황에 의문을 제시하고, 그 상황이 담고 있는 다른 정보들까지 포착하려는 사고까지 이어지는 게 바로 '의미를 이해하는 일'의 한 유형입니다.

간혹 초등학생 국어 시험지를 어른의 눈에서 보면, 상식적으로도 말이 안 되는 것을 답으로 적는 아이들이 있습니다. 그게 바로 글자만 따라가는 아이들이 저지르는 오류입니다. 어릴 때는 그냥 아직 생각이 미숙해서 그러려니 합니다. 그

런데 고학년이 되고, 중학생이 되고, 고등학생이 되면, 읽고 의미를 파악해야 하는 글의 수준이 높아집니다. 글자 자체를 하나하나 읽는 게 아니라, 글 전체가 가진 의미와 의도를 유추해내야만 풀 수 있는 문제가 늘어납니다.

왜 의미를 이해하는 게 어려울까

흔히 아이들의 사고력이 떨어지는 것을 두고 동영상 시대가 열리면서 긴 글을 많이 읽지 않기 때문이라고 생각합니다. 표면적으로는 맞는 말입니다. 요즘 아이들이 책을 많이 안 읽기는 하지만, 인터넷과 SNS 등을 통해 수많은 정보들을 읽고 있습니다. 실제로 요즘 세대들은 과거보다 훨씬 더 텍스트를 많이 읽고 있다는 보고도 있습니다. 인터넷과 SNS를 통해 텍스트를 많이 읽을지는 몰라도 '의미를 파악하는 능력'이 올라가는 건 다른 차원의 문제입니다. 이렇게 이야기하면 쉽게 이해되실 겁니다.

만약 회사에서 어떤 보고서를 읽게 된다면 단지 그 보고서에 적힌 내용만이 아니라, 보고서에 적혀 있지 않더라도 내용을 통해 짐작할 수 있는 것들이 무엇인지를 파악하려고 합니다. 심지어 보고서에 오류가 있을지도 모른다는 것을 생각하면서, 눈에 안 보이는 문제조차 발견하려고 합니다. 이 보고서가 내가 하는 일에 어떤 도움이 되는지, 이 보고서를 통해서 내가 무엇을 모르고 있었는지, 혹은 잘못 알고 있던 것을 어떻게 수정해야 하는지도 생각해봅니다. 또한 내가 짐작했던 것이 맞았음을 재확인하면서 읽기도 하지요.

그런데 SNS에 올라온 글이나 인터넷 동영상을 볼 때는 이런 생각을 하지 않게 됩니다. 가장 대표적인 반응이 바로 '의심하지 않는 것'입니다. 보고서는 의문을 갖고 읽으면서 왜 인터넷에 올라오는 글은 의문을 갖고 읽지 않는지 신기합니다. 그 이유는 의외로 매우 간단합니다. '생각해야 할 것'으로 대하지 않기 때문입니다. 그래서 앞에서 본 국어 문제나 영어책 해석 사례와 같은 일이 어른들에게도 벌어지는 겁니다. 아이만이 아니라 수많은 어른도 의미를 파악하지 않고 겉으로 드러난 글자만 좇고 있는 경우가 많습니다.

이야기가 나온 김에 독서량에 대해 언급하겠습니다. 부모들은 어떻게든 아이들에게 책을 많이 읽히려고 합니다. 확실히 독서를 좋아하는 아이는 책을 많이 읽히면 좋습니다. 그러나 읽는 걸 싫어하는 아이들도 있습니다. 또 소설은 좋아하지만 논픽션은 싫어하는 아이들이 있고, 반대로 논픽션은 좋아해도 문학 작품은 싫어하는 아이도 있습니다.

독서량보다는, 많이 읽지 않아도 글의 주제에 깊이 다가갈 때 두뇌 OS가 올라갑니다. 뒤에서 살펴볼 10가지 사고력 지도를 통해, 책을 많이 읽지 않는 아이의 국어 실력이 비약적으로 상승하는 경우를 수없이 보았습니다. 이는 아이가 일상적으로 깊게 '생각하는 상태'에 이르게 되었기 때문입니다.

의미를 파악하면서 읽어야 하는 이유는 또 있습니다. 이렇게 읽어야 기억이 오래가기 때문입니다. 앞의 영어 문장의 예를 들어봅시다.

"나는 켄을 좋아하지 않는다. 왜냐하면 그는 늘 학교에 지각하기 때문이다."

위의 문장을 단지 해석만 했다면 기억에 오래 남지 않습니다. 그러나 '왜 지각한다고 그 아이를 싫어하기까지 했지?' '뭔가 숨겨진 이야기가 나올 거야'라며 의미를 더 파악하려고 했다면, 이 기억은 오래 남습니다. 그저 알게 된 것은 금세 까먹지만, 궁금했던 것은 기억에 오래 남게 되지요.

특히 공부할 때 이런 점이 분명하게 드러납니다. 의미를 몰라도 통으로 외워서 어느 정도 성적을 올릴 수는 있을 것입니다. 하지만 암기는 이해보다 훨씬 지루한 과정일뿐더러, 이렇게 입력된 기억은 오래가지도 않습니다. 이런 방식으로 제대로 된 실력이 쌓일 리 없거니와, 이해 없이 암기한 내용은 응용이 필요한 문제를 마주하게 되면 무용지물일 뿐입니다.

내 아이의 어떤 능력을 키울 것인가

아이들만 '생각'을 하지 않는 것이 아닙니다. 상당수의 어른도 똑같이 반복되는 나날을 별생각 없이 보냅니다. 내가 무엇을 모르고 있는지 모릅니다. 어른들도 메타러닝이 되지 않는 이가 수두룩합니다. 그래서 자신의 생각을 업그레이드할 줄 모릅니다. 결국 인터넷상의 정보에 이리저리 휘둘리며 판단을 남에게 미루다가 점차 자신을 지탱하는 중심축을 잃어갑니다. 자기 머리로 생각하고 판단하고 행동하는 일이 얼마나 중요한지는 누구나 알지만, 내 생각의 운영체제가 제대로 작동하고 있는지를 의심하는 이는 매우 적습니다.

그래서 오류가 발생하면 남을 원망하게 됩니다. 정보를 잘못 준 사람이 문제라는 게 대표적인 예입니다. 잘못된 정보도 문제지만 그 정보의 오류를 발견하지 못한 것, 즉 내가 의미를 발견하는 힘이 떨어지는 게 문제인데 말입니다. 그러니 어릴 때부터 부모는 아이가 어른이 되기 전까지 의미를 이해하는 능력을 키울 수 있도록 잘 살펴야 합니다. 그런데 많은 부모들이 이런 교육은 하지 않고, 사교육을 통해 교과적 지식을 먼저 접하게 하는 데만 신경 씁니다. 사교육 업계의 선생님들이 아이마다 맞춤 교육을 하면서 사고 능력을 키워줄 수도 있겠지만, 사교육이야말로 '질'이 아닌 '양'의 논리로 이루어집니다. 일단 지식을 더 많이 머리에 붓는 것이지요. 의도학습만 늘리는 일이 된다는 말입니다.

사교육에 대해서 잠깐 이야기해볼까요. 각 나라마다 사교육에 대한 열망이 강한 곳도 있고, 낮은 곳도 있습니다. 미국의 아시아계 이민자 가정에서 특히 사교육에 대한 열망이 강하고, 이런 풍토가 미국 사회 전반에 전염되고 있다는 보도도 있습니다. 그러나 수많은 유학생을 관찰해보면 10대 시절 입시 교육에서 더 좋은 성적을 냈다고 해서 이후에도 반드시 학업 능력이 높은 것도 아니고, 사회에서 필요한 역량을 더 잘 쌓는 것도 아닙니다.

또 하나 우리가 착각하는 게 있습니다. 사교육으로 아이를 최상위권으로 만들 수 있다는 욕심이 바로 그것입니다. 아이들 대부분은 유형 1 혹은 유형 2에 속합니다. 특출한 영재이거나, 고가의 사교육으로 단기간에 시험 성적을 올리는 경우는 아주 예외적입니다. 부모들을 만나면 처음에는 다들 욕심을 냅니다. "내 아이가 적어도 이 정도의 성적은 받았으면 좋겠다"라고 말합니다. 그러나 마음을 터놓고 이야기해보면, 부모가 진심으로 원하는 건 그게 아닙니다. 스스로 알아서 자기 공부를 해가는 아이가 되면 좋겠다, 명문대를 가지 않더라도 자기주도적으로 공부하면서 성취감을 느끼는 아이가 되었으면 좋겠다, 자기가 뒤진다는 생각에 주눅 들지 않는 인생을 살면 좋겠다, 이런 생각을 갖고 있습니다.

제가 드릴 수 있는 희망은 이것입니다. 스스로 자기 생각을 업그레이드할 수 있는 능력이 생기면 자연스럽게 공부를 잘하게 됩니다. 정말 어떤 영역에서 정점을 찍고 싶다면, 필연적으로 사고 능력이 뒷받침되어야 합니다. 사고력이 높은 아이들만이 정점에 도달할 수 있습니다. 그리고 그 사고 능력은 후천적으로 반드시 길러질 수 있습니다. 더 어릴 때부터 사고 능력이 높으면 좋겠지만, 뒤늦게 그 능력이 커질 수도 있습니다. 그러니 내 아이가 '글자만 따라가는 아이'에 머물지 않고 '의미를 이해하는 아이'가 되도록 해야 합니다. 생각하지 않는 아이에 머물게 하지 말고 생각하는 아이가 될 수 있도록 해야 합니다. 그것이 바로 이 책에서 두뇌 OS를 업그레이드하는 방법을 설명하는 이유입니다.

두뇌 OS를 업그레이드하는
두 가지 접근법과 다섯 가지 사고력

지금까지 다룬 내용을 요약하면 이렇습니다.

1. 똑같은 환경과 조건에서 '잘하는 사람' '못하는 사람'으로 나뉘는 이유는 '두뇌 OS 차이' 때문이다.

2. 타고난 두뇌 OS가 있지만, 후천적으로 업그레이드할 수 있다.

3. 두뇌 OS의 차이는 '생각하느냐' '생각하지 않느냐'의 차이에서 생겨난다.

4. 따라서 두뇌 OS를 업그레이드하려면, 일상적으로 '생각하기'가 이루어져야 한다.

이제부터 '생각하는 상태'에 이르게 하는 두 가지 기본 접근법을 말씀드리겠습니다. 첫째는 의문을 갖는 것이고, 둘째는 정리하게 하는 것입니다.

OS 버전을 업그레이드하는 접근법 1: 의문을 갖게 하기
OS 버전을 업그레이드하는 접근법 2: 정리하게 하기

이 '의문을 갖게 하기'와 '정리하게 하기'라는 두 가지 접근법이 구체적으로 어떤 사고력의 발달과 관계가 있는지 앞으로 상세하게 들여다보겠습니다. 우선 '의문을 갖게 하기'는 원인분석력, 자기표현력, 문제해결력을 키우게 하는 접근법입니다. '정리하게 하기'는 추상적 사고력, 구체적 사고력을 키우게 하는 접근법입니다.

OS 버전을 업그레이드하는 접근법 1: 의문을 갖게 하기
① 원인분석력 ② 자기표현력 ③ 문제해결력

④ 추상적 사고력   ⑤ 구체적 사고력

이 두 가지 접근법을 통해 발달시키는 다섯 가지 사고력은 '항상 공부하는 아이'가 되는 기본 바탕이 됩니다. 이 외에도 아이가 '스스로 공부하는 아이'가 되게 하는 데 필요한 사고력도 있습니다. 이는 적극적 사고력, 목적의식력, 원점회귀력, 가설구축력, 문제의식력입니다.

⑥ 적극적 사고력   ⑦ 목적의식력   ⑧ 원점회귀력
⑨ 가설구축력   ⑩ 문제의식력

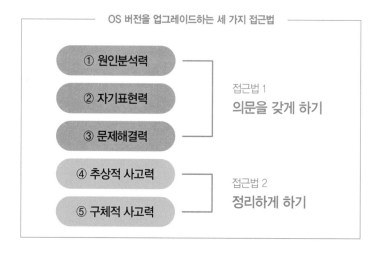

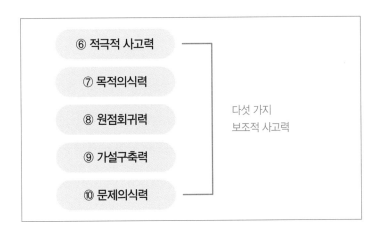

두뇌 OS를 업그레이드하는 것은 결국 10가지 사고력을 끌어올리는 일이라고 할 수 있습니다. 이 10가지 사고력을 어떻게 끌어올릴까요. 유형 3의 배움에 대해 말하면서 '잠자는 시간을 빼고 배운다'는 표현을 썼습니다. 이는 일상에서 이루어지는 다양한 자극을 통해 사고력을 키울 수 있다는 뜻입니다. 특히 중요한 것은 '대화'입니다. 부모가 아이에게 하는 일의 대부분은 '말'로 이루어져 있기 때문입니다.

아이의 사고 능력이 어떻게 발달하는지를 밝혀내는 건 심리학, 교육학의 오래된 과제입니다. 여러 이론이 있지만, 현대에 들어설수록 아이가 다른 사람과 맺는 상호작용의 중요성이 강조됩니다. 다른 사람에는 부모, 선생, 친구, 형제, 친척, 이웃 등이 있을 겁니다. 이 중 당연히 나이가 어릴수록 부모와의 상호작용이 절대적인 역할을 합니다.

상호작용 중에서 어떤 것이 영향을 많이 미칠까요. 바로 언어적 작용입니다. 말은 뇌가 가장 강하게 반응하는 자극이기 때문입니다. 많은 교육 전문가들이 '부모의 말이 바뀌면 아이가 바뀐다'라고 말합니다. 이와 같은 이유 때문입니다. 때문에 부모가 어떤 종류의 언어를 사용하느냐에 따라 아이의 사고력이 다르게 발달합니다. 앞으로 살펴볼 10가지 사고력도, 각각 그 사고력을 끌어올리는 데 적합한 부모의 언어가 따로 있습니다. 이제부터 그 언어가 무엇이고, 어떻게 사용할 때 효과적인지를 살펴보겠습니다. 이를 통해 아이의 사고력이 어떻게 달라지는지, 아이의 사고력을 키우기 위해 부모가 어떤 태도를 가져야 하는지를 더 구체적으로 이해할 수 있게 될 것입니다.

부모의 말을 통해 아이의 사고력을 키울 수 있을까?

- 비고츠키의 인지발달 이론

과연 말을 통해 아이의 사고력을 발달시킬 수 있을까? 부모의 언어가 바뀐다고 아이의 생각이 바뀌는 걸까? 이런 의문이 들 겁니다. 이에 대한 답을 얻기 위해 러시아의 심리학자 레프 비고츠키의 이론을 살펴보면 도움이 됩니다.

비고츠키는 스위스의 심리학자 피아제와 더불어 아이의 논리적 생각 발달 과정에 대한 이론을 정립한 사람입니다. 아이의 사고력과 관련해 피아제는 아이와 사물 사이의 상호작용을 강조했습니다.

반면 비고츠키는 사람들과의 상호작용이 사고를 발달시키는 중요한 자극 요인이라고 보았습니다. 비고츠키의 이론에서 보면, 아이가 어떤 사람들과 관계를 맺느냐가 사고력이 발달하는 과정에서 핵심적입니다.

또 하나 중요하게 볼 것은 바로 '언어'에 대한 것입니다. 비고츠키는 아이가 쓰는 말을 사회적 언어(public speech)와 사적 언어(private speech)로 구분합니다. 사회적 언어는 아이가 다른 사람과 의사소통을 하는 데 필요한 언어입니다. "엄마, 내일 친구와 놀러 가고 싶은데, 허락해주세요"와 같은 말입니다. 그럼 사적 언어는 뭘까요?

사적 언어는 아이가 자기의 생각, 행동을 조절하기 위해 자기 자신과 언어로 소통하는 것을 말합니다. 사적 언어는 혼잣말에서 시작합니다. 어른들도 이런 혼잣말을 합니다. "아, 내일 치과에 가는 걸 잊지 말아야지." 이런 말을 혼자 할 때가 있습니다. 생각이 말로 튀어나온다는 건, 그만큼 그 말이 표현하는 생각과 행동이 중요하기 때문입니다. 아주 어린아이가 장난감을 가지고 놀면서 혼잣말하는 걸 목격한 경험이 다들 있지 않나요. 그와 같은 상황이라고 이해하면 됩니다.

이 사적 언어는 나중에는 밖으로는 나가지 않는 내적 언어가 됩니다. '아, 이 문제는 이것과 저것을 더해야 하는 거구나.' 이렇게 속으로 말하는 겁니다. 비고츠키는 이 사적 언어가 학습 과정에서 발달하면서 아이의 문제해결력을 돕고 행동을 조절할 수 있게 한다고 합니다. 즉, 사적 언어를 많이 하는 아이들의 사고력이 더 높다고 할 수 있습니다.

이 책에서 말하는 '두뇌 OS를 높이는 10가지 부모 언어'의 중요성과 효과를 비고츠키 이론의 차원에서 다음과 같이 이해할 수 있습니다.

첫째, 아이의 사고는 사람과의 상호작용을 통해 발달한다는 것입니다. 예를 들어, 부모가 지시하는 말을 많이 쓰는지, 물어보는 말을 많이 쓰는지에 따라 아이의 사고력이 달라진다는 것이지요. '두뇌 OS를 높이는 10가지 부모 언어'가 기본적으로 '질문형'인 이유가 여기에 있습니다.

둘째, '두뇌 OS를 높이는 10가지 부모 언어'는 크게 두 가지로 나눌 수 있습니다. 앞의 다섯 가지는 부모가 아이에게 주는 질문이고, 뒤의 다섯 가지는 스스로 물어야 하는 질문입니다. 그러나 전체적으로 보면 이 10가지 부모 언어는 처음에는 부모가 아이에게 질문하는 단계를 밟습니다. 그리고 이게 습관이 되어 결국 아이 스스로 이런 질문을 자신에게 자주 해야 효과가 커집니다. 즉, 아이의 사고를 계속 발전시키는 '사적 언어'가 되어야 한다는 것입니다.

끝으로 비고츠키 이론에서 주의 깊게 봐야 할 점이 있습니다. 피아제는 연령대별로 사고력이 발달한다고 보았지만, 비고츠키는 나이와 무관하게 어떤 환경에서, 어떤 상호작용을 하느냐에 따라 인지발달이 이루어진다고 주장합니다. 만약 중학생인 아이가 사고력이 좀 떨어진다고 해도, 새로운 상호작용을 통해 얼마든지 사고력을 키울 수 있다는 뜻입니다. 두뇌 OS의 업그레이드가 한순간에 몇 단계를 뛰어넘을 수도 있다는 것입니다.

"공부 잘하는 아이의 엄마들은 아이에게 어떻게 말하나요?"

"다 했어? 질문 있어?…이런 질문은 하지 말라고요?"

"하나만 보지 말고 열을 생각하도록 이끌 수 있는 방법이 궁금해요!"

2부
·
생각의 구조를 바꾸는
10가지 부모 언어

5장

두뇌 OS를 업그레이드하는 접근법 1 :
의문을 갖게 하기

전 세계 주요 나라들의 교육 지도 방향이 변하고 있습니다. 새로운 학습 지도의 방향을 살펴보면 '사고력'이 중요한 요소로 등장하고 있습니다. 문제는 어떻게 해야 이 사고력이 생기는지에 대한 내용은 아직 제대로 정립되지 않았다는 겁니다.

교육 현장에서 '생각하기의 중요성'이 강조된다 해도, 생각하는 방법을 아이들에게 알려주지 못한다면 아무것도 달라지지 않을 것입니다. 실제로는 지금과 별반 다르지 않으면서 겉으로만 바뀐 것 같은 교육이 이루어질 테지요. 아이들은 달라진 수업 방식이나 평가 방식에 당황할 테고, 결국 예전처럼 원래 두뇌 OS가 높은 아이만 높은 성적을 얻는 상황이 그대로 이어질지도 모릅니다. '방법(How to)'을 알려주면 어떤 아이든 달라질 수 있을 텐데 안타깝습니다. 어떻게 해야 할까요?

많은 학교 현장과 기업에서 사고력과 관련한 강의 요청이 옵니다. 그런 곳에서 강의해보면 사고력을 엄청나게 대단한 것으로 여기는 경우가 있습니다. 반대도 있습니다. 그런 이야기는 들어봐야 어차피 뻔하다고 여기는 경우입니다.

두 경우의 공통점이 있습니다. 사고력이 후천적인 자극을 통해 얼마든지 바뀔 수 있다고 여기지 않는다는 겁니다. 사고력이라는 걸 너무 어려워서 접근할 수 없다고 여기는 경우에도 그렇고, 너무 당연한 능력으로 여긴 나머지 노력해서 향상시킬 수 없다고 여기는 경우에도 그렇습니다. 그러나 사고력은 충분히 교육적 방법을 통해 향상되는 능력입니다.

왜 '마법의 말'일까?

저는 좋은 교육은 두 가지 측면을 가지고 있다고 생각합니다. 첫째, 간단합니다. 둘째, 효과를 볼 수 있습니다. 이 두 가지 측면이 없다면 처음부터 '교육'이라는 이름을 붙일 수 없을 거라고 생각합니다. 간단해야 누구든 시도할 수 있고, 효과가 있어야 스스로 계속하게 됩니다. 그런 점에서 부모가 아이에게 건네는 언어를 통한 사고력 교육은 간단하면서도 효과적입니다.

그중 질문형 언어가 사고의 구조를 바꾸는 데 가장 효과적입니다. 인간의 뇌는 질문을 받으면 그 순간부터 답을 찾으려고 자동으로 움직입니다. 좋은 질문을 받으면 좋은 방향으로 뇌가 움직이고, 잘못된 질문을 받으면 뇌가 멈춥니다. 자기가 예전에 자극받지 못했던 형태의 질문을 받으면, 새로운 방식으로 사고하려고 움직입니다. 부모의 좋은 질문에 자주 노출된 아이들이 결국 좋은 사고력을 갖게 됩니다.

앞으로 두뇌 OS를 업그레이드하는 데 필요한 10가지 사고력을 키우기 위해 어떤 질문들을 던져야 하는지 정리해보겠습니다. 제가 함께 공부하는 부모 카페의 회원들은 이를 '마법의 질문'이라는 별명으로 부릅니다. 별거 아닌 것처럼 보이는 이 질문들이 가져오는 변화가 너무 크기 때문이라고 합니다. "이때는 마법의 질문 1번을 써야겠군요"라고 반응하기도 하지요.

이번 장에서는 '의문을 갖는 상태'에 이르게 하는 세 가지 언어에 대해 알아보겠습니다.

1. '원인분석력'을 키우는 부모 언어 - 왜 그럴까?

교육 현장에서 주로 활용하는 질문을 보면 '누가, 언제, 어디서, 무엇을, (선택지 가운데) 어느 것'입니다. '지식'이 입력되어 있으면 누구든 이러한 질문에 대답할 수 있지만, 머리에 지식이 들어 있지 않으면 대답하지 못합니다. 이런 질문에 답하는 상황을 '생각한다'라고 보기는 어렵습니다. 생각하는 두뇌로 만들기 위해서는 이와 다른 질문이 필요합니다.

생각하는 두뇌로 만드는 질문의 기본은 바로 "왜 그럴까(Why)?"입니다. 간단한 예를 들어봅시다. 다음과 같은 질문을 받아본 적이 있을 겁니다.

"당신의 집은 어디인가요?"

그러면 누구나 자연스레 집 주소를 대답합니다. 주소는 머릿속에 이미 들어 있는 정보이기에 바로 답이 나옵니다. 그럼, 다음과 같은 질문을 받으면 어떨까요?

"왜 그 집에 살고 있나요?"

'왜'라는 단어를 들으면 두뇌의 움직임이 달라집니다. '누가, 언제, 어디서, 무엇을'과 같은 질문도 중요하지만, 그건 이미 아는 지식을 기억에서 끄집어내는 질문일 뿐, 무언가를 새롭게 생각하게끔 하는 차원으로까지 가지는 못합니다. '왜'라는 질문은 머리에 없는 것을 생각하게 하는 질문입니다. 이 질문은 원인분석력을 키웁니다.

인간의 사고 능력 중 가장 기본이 되면서, 가장 중요한 능력이 바로 원인과 결과를 이해하는 것입니다. 아이들이 푸는 시험 문제만 봐도 그렇습니다. 문제 유형들을 들여다보면 원인과 결과를 찾는 것이 많습니다. 객관식 문제를 보면 원인과 결과처럼 보이는 유사한 답들을 비슷하게 옆에 놓고 헷갈리게 하기도 합니다. 이게 정말 이 문제의 원인인 것인지, 아니면 관계가 있긴 하나 원인이 아닌 것인지를 정교하게 구분하는 능력을 시험합니다. 상관관계와 인과관계를 구분할 줄 아는지 묻는 것입니다.

많은 아이들이 어떤 문제의 원인을 찾는 것을 암기로 해결하려고 합니다. 예를 들면 역사 문제에서 과거에 시행되었던 어떤 제도가 나오면 '그 제도가 실시된 이유는 무엇이다'라는 식으로 외우는 겁니다. 그러나 원인분석력이 강한 아이들은 굳이 외우지 않더라도 자연스럽게 이해하고 있습니다. 원인과 결과라는 본질적인 관계를 이해했기 때문에, 이렇게 얻은 지식은 장기 기억이 됩니다. 다른 유사한 형태의 지식이 주어져도 그 차이를 구분합니다.

원인분석적 사고가 높은 아이는 "왜?"라는 질문에 당황하지 않습니다. 유형 3에 속하는 아이는 "왜?"라는 질문을 귀찮아하지 않습니다. 그러나 앞에서 살펴본 대로 의도학습에만 집중하는 아이들은 "왜?"라는 질문을 귀찮아합니다. 굳이 학교 시험에 나오는 문제도 아니고, 지금은 공부하는 시간도 아닌데 왜 생각을 하게 만드는지 짜증이 납니다.

사실 누구나 어린 시절에는 "왜?"라는 말을 입에 달고 삽니다. 아이들은 다양한 것에 흥미를 느끼고 관심을 보입니다. 그때마다 "엄마, 아빠, 왜 이런 거야?" 하고 묻습니다. 처음에는 부모도 "이건, 이래서 그렇단다"라며 다정하게 정성껏 알려주지만, 질문이 몇 번이고 반복되면 대충 넘겨버립니다. 부모도 이유를 모르기 때문인 경우도 많습니다. 아이가 물어봐도 답이 생각나지 않습니다. 나중에는 대꾸하기조차 귀찮아집니다. "원래 그런 거야"라고 대답하거나 혹은 "나중에 알게 돼"라면서 회피하게 됩니다.

고학년이 될수록 부모의 이런 경향은 더 강해집니다. 본격적으로 교과 학습 내용을 저장하는 것을 교육이라고 생각하기 때문입니다. 무엇보다 학습 내용은 늘 옳다는 암묵적인 약속 아래, 어느새 의문을 갖는 법을 잊습니다.

의문은 저절로 생겨나지 않는다

의문을 갖지 않으면 '의미를 이해하는 능력'이 커지지 않습니다. 국어를 잘하는 아이들을 자세히 살펴보면, 읽으면서 동시에 '소리 없는 질문'을 하고 있습니다. 문장을 읽으면서 이런 사고를 동시에 하고 있을 겁니다.

'이런 일이 왜 벌어졌지?'

'무슨 이유로 이렇게 주장하는 걸까?'

그리고 글 속에서든 글 밖에서든 그 답을 찾고 있습니다. 이런 차이로 인해 똑같이 소설책을 읽어도 어떤 아이는 주인공에 대해 훨씬 더 많이 설명하고, 어떤 아이는 주인공에 대해 단편적인 몇몇 사실밖에 말하지 못합니다. 뭔가를 주장하는 글을 읽을 때 '왜 글쓴이가 이런 주장을 쓴 것인지'까지 이해하고 있는 아이가 있는가 하면, 주장의 내용만 머리에 넣는 아이가 있습니다. 전자의 아이들은 "왜?"라는 질문이 습관이 되어 누가 물어보지 않아도 스스로 원인과 결과를 유추하고 있는 겁니다.

우리 아이가 그런 사고력이 부족하다고 생각된다면 "왜 그럴까?"라는 질문으로 자극을 주는 일이 필요합니다. 그런 질문을 부모로부터 자꾸 받으면, 자기도 모르는 사이에 '왜 그렇지?'라는 생각을 자주 하게 되고, 그게 '소리 없는 질문'이 되어 우연학습의 양을 늘립니다.

사람들 대부분은 일상생활에서 거의 의문을 갖지 않습니다. 주변의 정보들 가운데 일부만 받아들입니다. '보고 싶은 것만 보고, 듣고 싶은 것만 듣는다'는 뇌의 특징 때문에 사람은 자신이 관심 있는 정보만 받아들이는 경향이 있습니다. 그러니 '보고 있어도 보지 못하는 상황' '듣고 있어도 듣지 못하는 상황'이 일어납니다. 보고 있어도 보지 않고 있다는 것을 깨닫게 해주고, 듣고 있어도 듣지 않았다는 것을 깨닫게 해주는 것이 바로 "왜?"라는 질문입니다.

아이에게 "왜 그럴까?"라는 말을 할 때 주의할 점이 있습니다. 이미 부모는 답을 알고 있고 아이가 그걸 맞히는 것 같은 상황이 되지 않도록 주의해야 합니다. 아이들이 어릴 때는 부모가 하는 말의 의도를 잘 파악하지 못하지만, 성장할수록 아이도 부모의 의도를 금세 파악합니다.

이미 초등 고학년 정도가 되면 부모가 정말 궁금해서 물어보는 것인지, 자기를 시험에 빠지게 하기 위해 묻는 것인지를 구분합니다. 부모가 나와 대화를 나누기 위해서 물어보는 것인지, 내가 오답을 말하는지 아닌지를 테스트하기 위해서 물어보는 것인지를 눈치챕니다. 그러니 질문을 하는 부모부터 진심으로 의문을 갖는 태도를 가져야합니다.

"왜 그럴까?"라는 질문은 다양하게 변용해서 사용할 수 있습니다. '왜'라는 말 대신에 '이유'라는 표현을 써도 좋습니다.

"무슨 이유로 그런 일이 벌어졌어?"

"정말 그게 이유일까?"

"하필 왜 그렇게 했대?"

"다른 이유는 없을까?"

"어째서 그럴까?"

표현은 다양하게 바꿀 수 있지만, 핵심은 이 질문이 사고의 구조 중에서 '원인분석력'과 관계가 있다는 것을 기억하는 겁니다.

만약 아이가 부모에게 "왜?"라고 끈질기게 물어보는 경우 어떻게 해야 할까요? 물론 성심성의껏 답변해주거나 같이 찾아보자고 하거나, 서로 의견을 나누며 토론하면 좋습니다. 그런데 부모도 대답하는 데 지칠 때가 있습니다. 혹은 아이가 함께 생각하려 하지 않는다는 느낌이 들 때도 있습니다. 그럴 때는 "글쎄, 왜 그럴까?" 하고 아이에게 되물어도 좋습니다.

다른 사람에게 던지는 질문은 상대방의 두뇌가 움직이도록 자극합니다. 자기 자신에게 던지는 질문은 스스로 생각하는 힘을 길러줍니다. 서로 "왜?"라고 물어보면서 부모와 아이의 생각이 같이 움직이고 있다는 것을 느끼면, 그게 바로 원인분석력을 키우는 힘이 됩니다.

— 두뇌 OS를 높이는 부모 언어 1 —

"왜 그럴까?"

의문을 갖게 해서 원인분석력을 높인다.

2. '자기표현력'을 키우는 부모 언어 – 어떻게 생각해?

의문을 갖게 하는 말은 "왜 그럴까?" 외에도 두 가지가 더 있습니다. 이 두 가지 말에는 모두 '어떻게(How)'라는 키워드가 활용됩니다. 그중 첫 번째가 "어떻게 생각해?"입니다. "왜?"의 영역에 해당하는 말이 원인분석력과 관계가 있다면 "어떻게 생각해?"는 자기표현력과 관계가 있습니다.

저는 아이들만이 아니라 부모들을 대상으로 강의를 할 때도 "어떻게 생각하십니까?"라는 질문을 자주 씁니다. 이 질문을 받으면 '내가 뭔가 잘못하고 있나 보다'라는 무거운 표정으로 입을 꼭 다물고 앉아 있던 부모들의 얼굴이 바뀝니다. '아, 내가 가진 생각을 이야기하는 게 이 강의에 도움이 되나 보다'라는 생각이 들고, '내가 가진 고민을 털어놓아도 되겠다'는 마음이 들면서 입을 열게 됩니다. 자기 생각을 솔직하게 표현하게 되는 것이지요. 그렇게 표현하다 보면 생각이 발전합니다. 부모들이 저에게 고민을 이야기하면서 스스로 답을 찾아가는 모습을 종종 봅니다.

아이들도 마찬가지입니다. "어떻게 생각해?"라는 질문을 받으면 아이는 '나는 어떻게 생각하고 있는 거지?'라는 의문을 먼저 품게 됩니다. 그 의문에 대한 답을 찾아야 하고 게다가 말로 표현해야 합니다. 적절한 표현을 찾으려고, 상대에게 잘 전달하려고 뇌가 바쁘게 움직입니다. 모든 생각이 그렇지만 속으로 생각하는 것과 말의 형태로 밖으로 표현되는 생각은 차원이 완전 다릅니다. 한 번에 일사천리로 줄줄 설명하지 못하더라도, 말로 표현하면 뇌에 굉장한 자극을 주게 됩니다.

자기 생각을 말로 표현하는 과정에서 자신이 무엇을 모르고 있는지도 깨닫고, 새로운 관점에 도달하기도 합니다. 이런 과정을 통해 두뇌 OS가 업그레이드됩니다. 이처럼 자기표현력이 높아지면 아이들은 '생각하는 상태'를 자주 경험하게 됩니다.

"어떻게 생각해?"는 두뇌 속에만 있는 어떤 사고를 언어라는 형태로 표현하게 하는 훌륭한 유도체가 됩니다. 옳고 그르고, 맞고 틀리고의 부담도 덜한 질문입니다. 때문에 '어떻게'라는 말은 아이의 자율성과 주체성을 높입니다.

'생각을 한다'는 상태는 자율성과 주체성이 높을 때 훨씬 더 잘 작동합니다. 사람이 억압적이고 수동적인 상태에 놓여 있을 때는 어떤 일을 겪어도 의문을 갖지 않습니다. 적극적으로 의미를 파악하려고 하지 않습니다. 즉, 생각하게 되지 않습니다.

기업에서는 꽤 오래전부터 자기표현력을 '커뮤니케이션 능력'이라 부르며 직장인의 주요 역량으로 강조해왔습니다. 그러나 여전히 회의에서는 직위가 높은 이들의 발언권이 세고, 목소리가 큰 사람 중심으로 일이 진행되기 일쑤입니다. 억압적 환경에서는 '그런 말도 안 되는 소리를 하느냐는 평가를 받으면 어떻게 하지?'라는 두려움에 먼저 사로잡힙니다. 그렇게 해서는 구성원들이 자기표현력을 갖기 어렵습니다.

마찬가지로 부모가 아이에게 "어떻게 생각해?"라는 질문을 할 때, 그 질문의 답에 대한 평가는 되도록 하지 말아야 합니다.

"좋은 생각이네"라는 정도의 가벼운 맞장구는 좋지만 "그 생각은 좀 이상한데" 같은 부정적 피드백은 좋지 않습니다. "어떻게 생각해?"라는 질문이 아이의 자기표현력을 충분히 높일 수 있도록 초점을 맞춰야 하는 것이지요.

자기표현은 사람이라면 누구나 갖고 있는 욕구입니다. 그런데 이 욕구가 부정적 평가에 부딪히거나, 아무리 합리적인 이유라도 억압을 당하면 커뮤니케이션 자체를 불편해하는 상황으로 변질됩니다.

커뮤니케이션은 꼭 사람과 사람 사이의 실제적인 대화만을 의미하는 게 아닙니다. 수업 시간은 선생과 학생 사이에 이루어지는 커뮤니케이션입니다. 글을 읽는다는 건 글을 쓴 저자와 읽는 독자인 나 사이의 커뮤니케이션입니다. "어떻게"라는 말을 통해 커뮤니케이션이 활성화되면 사고력도 업그레이드됩니다.

자기표현력이 강한 아이라고 하면, 흔히 남들 앞에서 발표를 잘하는 아이라고 생각합니다. 하지만 사람들 앞에서 발표를 하겠다고 먼저 나서는 건 타고난 외향적 성격과도 관련이 깊습니다. 내향적인 아이라고 해도 자기표현력은 얼마든지 강할 수 있습니다.

특히 이제는 자기표현력이 학습 역량의 주요 지표 중 하나로 평가되는 시대입니다. 지금까지는 자기표현력 없이도 지식만으로 어느 정도 성적을 얻을 수 있었지만, 앞으로 사고력을 더욱 중시하면서 상황이 많이 달라질 것입니다.

"어떻게 생각해?"라는 질문을 자주 받는 아이들은 자기 생각이 입 밖으로 튀어나오는 느낌이 무엇인지 알고 있고, 그 느낌을 즐깁니다. 더 나아가 다른 친구들에게도 이런 질문을 자주 하게 됩니다. 다른 이들에게 "어떻게 생각해?"라고 잘 물어보는 아이들은 리더십 또한 강해집니다.

오늘날 우리 아이들이 필요로 하는 리더십은 부모 세대의 리더십과 다릅니다. 과거에는 능력이 더 뛰어나기만 하면 리더로 인정받았습니다. 그러나 지금은 아닙니다. 여러 사람을 하나로 모을 때 자기 의견을 강요하는 게 아니라, 다른 이들의 참여를 이끌어내는 능력이 가진 사람이 리더가 됩니다. 그런 점에서 "어떻게 생각해?"라는 말이 습관이 된 아이들은 친구들과 훨씬 더 원만한 관계를 맺고, 자연스러운 리더십을 발휘하게 됩니다.

아이에게 "질문 있나요?"라는 말을 하면 안 되는 이유

"어떻게 생각하나요?"와 비슷한 상황에서 쓰이는 표현으로 "질문 있나요?"가 있습니다. 이 표현은 학교 수업이나 회사의 회의에 주로 등장합니다. 부모들도 비슷하게 쓰는 말이 있습니다. "궁금한 거 있어?"라는 말입니다. 안타깝게도 이 질문은 거의 효과가 없습니다. 이때 아이들이 하는 대답은 대부분 "없어요"입니다.

사실 질문이 정말 없어서가 아니라 갑자기 말을 꺼내기가 어려워 머뭇거리는 것을 '질문이 없다'라고 착각하는 겁니다. 많은 아이들이 의문을 품고 다른 사람 이야기를 듣는 것이 익숙하지 않다 보니, 곧바로 질문이 잘 떠오르지 않습니다.

그 밖에 "질문 있나요?"나 "궁금한 거 있어?"라는 말은 보통 대화의 마지막에 잘 등장합니다. 대화가 끝이 나려고 하는데, 또 뭔가 새로운 주제를 꺼내야 하는 건 굉장히 부담스러운 일입니다. 게다가 새로운 질문거리가 없거나, 궁금한 게 없으면 안 될 것 같은 부담감도 느껴집니다. 때문에 "질문 있나요?"라는 말보다는 "어떻게 느꼈어?" "어떻게 생각해?"라는 말이 훨씬 효과적입니다.

'어떻게'에 대한 답은 말하기가 훨씬 더 쉽습니다. 게다가

"질문 있나요?"나 "궁금한 거 있어?"라는 말은 "있다" 혹은 "없다"로 먼저 답해야 할 것 같은 질문입니다. 그러나 "어떻게 생각해?"라는 질문에는 "있습니다" 혹은 "없습니다"라는 답이 애초에 나올 수가 없습니다.

자기표현력이 충분히 높은 상태의 아이라면 "질문 있나요?" 혹은 "궁금한 거 있어?"라고 물어도 거침없이 대답을 할 것입니다. 그러나 내 아이가 아직 그런 상태가 아니라고 생각된다면 이와 같은 질문은 오히려 역효과가 날 수 있습니다.

─ 두뇌 OS를 높이는 부모 언어 2 ─

"어떻게 생각해?"

생각을 말로 표현해서 자기표현력을 기른다

3. '문제해결력'을 키우는 부모 언어
 – 어떻게 하면 좋을까?

'어떻게'라는 말을 활용한 또 하나의 질문은 "어떻게 하면 좋을까?"입니다. 이는 "어떻게 생각해?"보다 아이에게 훨씬 더 능동적인 태도를 요구하는 말입니다.

우리는 앞에서 똑같이 공부하는데 차이가 나는 이유로 유형 2와 유형 3의 상태를 비교해보았습니다. 이 두 차이의 핵심은 '자발성'에 있습니다. 잠자는 시간 외에 항상 배우는 유형 3의 경우, 선생이나 부모가 시켜서 그런 상태를 유지하는 건 애초에 불가능합니다.

능동적으로 사고하는 아이들만이 유형 3이 되어 스스로 자신의 두뇌 OS를 성장시켜 나갑니다. "어떻게 하면 좋을까?"는 바로 그런 능동성을 자극하는 말입니다. 이 말은 문제해결력을 키웁니다.

이런 말을 평소에 들어본 적이 없는 아이는 어떻게 사고할까요? 아이의 사고가 '고민한다 → 방법을 생각한다'로 진행되지 않고, 그저 '고민한다'의 상태에 머물러 있습니다. "어떻게 생각해?"라고 물었다면, 다음에는 "어떻게 하면 좋을까?"라는 질문으로까지 나아갈 수 있도록 해야 합니다.

특히 비판적인 사고가 강한 아이들이 이런 함정에 빠질 위험이 높습니다. 뒤에서 자세하게 설명하겠지만 고민하는 것과 생각하는 것을 착각하는 경우가 종종 있습니다. 고민은 과거와 현재에 해당하는 개념이며 부정적인 감정입니다. 겉으로 보기에는 생각하는 듯해도 사실은 그저 걱정만 하고 있을 뿐입니다.

이때 "어떻게 하면 좋을까?"라는 질문은 아이의 관점을 미래로 전환하여 긍정적으로 생각하도록 유도합니다. "어떻게 하면 좋을까?"라는 질문은 문제해결력을 높이는 것뿐만 아니라, 긍정적인 심리를 형성하는 데 도움이 된다는 장점이 있습니다.

'문제'와 '과제'의 차이점을 알고 있나

고민하는 것과 생각하는 것을 착각하는 경우가 있다고 했습니다. 이를 '문제'와 '과제'라는 두 단어의 차이를 통해 설명해보겠습니다. 이 두 단어의 뜻을 잘 이해하면 아이를 대하는 태도에서 변화를 일으킬 수 있습니다.

내가 아이에게 던지는 질문이 아이를 생각하게 하는 게 아니라 난처하게 만들고 있다고 느껴진다면, 아이가 문제적 상황에 빠진 것인지, 아니면 과제를 해결하려는 상태로 나아가고 있는 것인지를 잘 관찰해보십시오. 그 관찰의 기준이 되는 게 바로 문제와 과제의 차이를 이해하는 겁니다.

- 문제: 부정적인 상황이 발생한 상태
- 과제: '문제를 해결하려면 무엇이 필요한지'를 긍정적으로 표현한 상태

문제해결력은 '문제를 발견하는 사고력'만이 아니라 '문제가 되는 상황'을 '과제화'시키는 능력을 말합니다. 아이들은 항상 어떤 문제와 마주하고 있습니다. 많은 아이들은 공부 자체를 자신이 해치워야 하는 어떠한 부정적 문제 상황으로 받아들입니다. 두뇌 OS가 낮으면 이런 경향이 강해집니다.

문제를 과제화하는 사고 능력이 발달하면 두뇌 OS가 높아집니다. 그렇게 되면 학년이 높아지고 객관식 시험에서부터 서술형 주관식 시험, 논술, 면접, 토론과 같은 다양한 문제가 주어져도, 이를 과제화하고 즐거운 도전처럼 여기게 됩니다.

"어떻게 하면 좋을까?"라는 질문을 주고받을 때 유의할 점은 아이의 해답이 실현 가능한가 논리적인가를 따지는 게 아니라 '긍정적 표현 상태'를 만들어야 한다는 겁니다.

'내가 이 문세를 해결할 수 있나'는 긍정적 심리 상내는 문제

해결력의 기반이 됩니다. 반면 불안과 같은 부정적 심리 상태는 두뇌 OS가 업그레이드되는 데 방해가 됩니다. 특히 수학 같은 어려운 과목일수록 부정적 심리는 실제 아이들이 갖고 있는 사고력이 제대로 작동하지 못하게 하는 방해물로 작동합니다.

부모가 "어떻게 하면 좋을까?"라는 질문을 아이에게 던질 때 유의할 점이 있습니다. 첫째, 이 문제는 해결될 수 있는 과제라는 기본 전제를 깔고 있어야 합니다. 둘째, 완벽한 해답을 듣겠다는 태도를 가져서는 안 됩니다.

부모가 아이에게 이 질문을 던지는 이유는 '방법'을 생각하게 하기 위함입니다. 방법을 찾게 되면 아이는 '의문을 갖는 상태'에 들어섭니다. 이때 '어, 이렇게 하면 좋지 않을까?'라는 긍정적 의문을 갖는 상태로 만드는 게 중요합니다.

이 질문의 효과를 극대화하기 위해서는 부모부터가 평소에 '문제해결력'과 관련된 언어 습관을 가져야 합니다. 가만히 들여다보면 아이들 못지않게 부모들도 문제를 과제화하는 능력이 떨어지는 경우가 많습니다.

아이가 게임만 하고 공부는 전혀 안 한다고 가정해봅시다. 이 문제 상황을 '과제' 표현으로 바꿔보면 어떻게 될까요? '게임도 하면서 공부도 한다' 또는 '게임은 하지 않고 공부를 한다'가 되겠지요.

대부분의 부모는 두 가지의 과제 가운데 후자인 '게임은 하지 않고 공부를 한다'만 택합니다. 그러나 사실은 전자인 '게임도 하면서 공부도 한다'의 경우가 더 좋습니다. 부정적인 요소를 포함하지 않아서 더욱 실효성이 있기 때문입니다. 이 경우를 택하게 되면 공부하도록 이끄는 방법을 찾는 데 주로 집중하게 됩니다. 반면 후자인 '게임은 하지 않고 공부를 한다'를 선택하게 되면, 게임을 못 하게 하는 방법을 찾는 데 열중하게 됩니다. 정작 문제해결의 핵심은 공부를 하게 만드는 일인데 말입니다. 이렇듯 문제를 과제로 바꾸면 논점이 분명해지고 '무엇을 해야 할지'가 명확하게 보입니다.

문제를 과제로 바꾸어 말하는 연습을 부모가 먼저 하게 되면, 아이도 그런 사고 구조를 자연스럽게 가지게 됩니다. 그런 환경에서 "어떻게 하면 좋을까?"라는 질문을 지속해서 던진다면 두뇌 OS가 훨씬 더 빠르게 업그레이드되는 것을 느낄 수 있을 겁니다.

— 두뇌 OS를 높이는 부모 언어 3 —

"어떻게 하면 좋을까?"

방법을 생각하게 해서 문제해결력을 기른다.

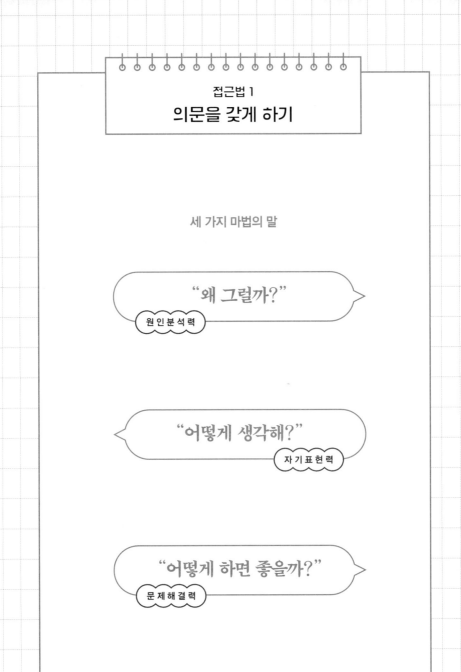

원인분석력 키우기 _ '왜'와 '이유'라는 말을 사용해 당연하게 여겼던 일들을 궁금해하고, 원인을 찾아내는 사고를 하게 합니다.

예시

주제 우리 집

질문 왜 우리는 이 집에 살고 있을까?

대답 우리 집은 엄마가 다니는 회사와 가깝습니다. 엄마는 회사와 집을 오가는 거리가 가까워서 좋다고 합니다. 또 제가 태어나기 전부터 살았던 집이라 가족 모두가 정이 많이 들었습니다. 이 집에는 우리 가족의 추억이 가득합니다. 다른 곳으로 이사 가게 되면 많이 서운할 것 같습니다.

→ 익숙했던 사실에 분명한 이유가 있음을 발견해냅니다.

주제:

질문:

대답:

주제:

질문:

대답:

자기표현력 키우기 _ '어떻게'라는 말을 사용해 생각하는 상태에 이르게 합니다. 질문하기 전에 아이의 이름을 부르는 것도 질문에 대한 호감을 키우는 좋은 방법입니다. 꼭 실제 일어난 일이 아니더라도, 가상의 상황에 대한 의견을 묻는 것도 아이의 두뇌를 자극하는 데 도움이 됩니다.

예시

주제 반려동물

질문 반려동물을 키우는 것에 대해서 어떻게 생각해?

대답 집에 강아지나 고양이가 있으면 좋을 것 같습니다. 엄마나 아빠가 집에 없을 때, 혼자 있을 때 같이 놀 수 있는 상대가 있으면 즐거울 것 같습니다. 그러나 내가 학교에 가면 반려동물도 집에 혼자 있게 되니까, 반려동물도 외로울 것 같습니다.

→ 어떻게 생각하는지를 표현하면서 새로운 생각에 이르게 합니다.

주제:

질문:

대답:

주제:

질문:

대답:

문제해결력 키우기 _ '어떻게 하면 좋을까?'라는 질문을 통해 아이가 능동적으로 사고할 수 있도록 돕습니다. 아이가 문제로 느끼는 상황을 해결 과제로 만들 수 있도록 합니다.

예시

주제 영어 공부

질문 영어 단어를 외우기 싫다면 어떻게 하면 좋을까?

대답 영어가 싫은 것보다는 영어 단어를 외우기 싫습니다. 왜냐하면 외워야 할 단어의 수가 너무 많기 때문입니다. 단어의 수를 줄이면 잘 외울 수 있을 것 같습니다.

　→ 문제 상황을 과제화하여, 해결 방안을 생각해낼 수 있게 합니다.

주제:

질문:

대답:

주제:

질문:

대답:

6장

두뇌 OS를 업그레이드하는 접근법 2 :
정리하게 한다

두뇌 OS를 강화하는 첫 번째 접근법이 '의문'을 가져 생각의 수준을 높이는 것이라면, 두 번째 접근법은 바로 '정리하게 한다'입니다. '머릿속이 정리가 되네요'라는 말이 있습니다. 잘 모르던 것이 명쾌해지고, 제대로 이해가 된다는 것이지요.

앞에서 인공지능이 스스로 학습하는 방법인 '메타러닝'에 대해 이야기했습니다. 인공지능도 무차별적으로 들어오는 수많은 데이터를 '정리'함으로써 생각의 수준을 높여갑니다. 인간의 사고력이 높아지는 과정도 같습니다.

'정리하게 한다'는 두 가지 사고력과 관련이 높습니다. 하나는 추상적 사고력이고, 다른 하나는 구체적 사고력입니다. 이 두 사고력을 키우는 것은 두뇌 OS를 높이는 방법의 핵심 중 핵심입니다. 특히 교과 학습 능력을 키우는 데 중요한 역할을 합니다.

어떻게 하면 아이의 사고가 '정리하게 하는' 단계에 접어들게 할 수 있을까요? 부모의 어떤 언어 자극이 추상적 사고력을 높이고, 어떤 언어 자극이 구체적 사고력을 높일까요?

4. '추상적 사고력'을 키우는 부모의 언어 – 요약하면?

추상적 사고력에 대해 이야기해 보겠습니다. 우선 '추상'이라는 개념을 이해해봅시다. '추상적' '구체적'이라는 말은 다들 아실 겁니다. 두 개념을 쉽게 설명하면 다음과 같습니다. '추상'은 '큰 방향에서 대략 이런 느낌이다'라는 사고입니다. '구체'는 '예가 명확하고 이해하기 쉬운 것이다'라는 사고입니다. 이 두 개념이 어떻게 다른지 좀 더 자세히 설명해보겠습니다.

A는 치와와를 기릅니다. B도 치와와를 키웁니다. 여기서 A의 치와와와 B의 치와와는 구체적인 범위에 속합니다. 구체적인 세계에서는 비교와 경쟁이 생깁니다. A가 말합니다. "B의 치와와는 귀가 너무 크네요. 우리 치와와가 훨씬 귀엽네요." 두 치와와

사이에 차이가 있다고 해도, 어느 집 치와와든 모두 '치와와'라는 범주 안에 있습니다.

이번에는 C의 꼬마 푸들이 등장합니다. 다시 비교와 경쟁이 시작됩니다. C가 말합니다. "치와와처럼 시끄러운 개를 잘도 키우시네요. 우리 꼬마 푸들은 짖지도 않고 인형 같아서 얼마나 귀여운데요." 앞서 말한 A와 B 치와와 간의 차이는 여기서 아무것도 아니게 됩니다.

그러나 한 단계 넓은 범주로 보면 푸들과 치와와 모두 소형 견입니다. 같은 부류에 있는 개들입니다. 여기서 D가 골든리트리버를 데리고 옵니다. 그러자 또 비교와 경쟁이 일어납니다. 꼬마 푸들을 키우는 C가 말합니다. "그렇게 커다란 개를 어떻게 키워요. 사료도 어마어마하게 먹겠어요. 어휴, 상상도 안 가네." 그러나 한 단계 더 넓은 범주에서 보면 꼬마 푸들이나 골든 리트리버나 똑같은 '개'입니다.

이렇듯 '치와와 → 소형견 → 개 → 포유류 → 척추동물 → 동물 → 생물'처럼 상위 단계로 개념을 넓혀가는 것을 '추상화한다'라고 합니다.

A가 치와와를 데리고 있고 C가 푸들을 데리고 있다는 사실 자체는 바뀌지 않습니다. 그러나 추상화하는 단계에 따라 그 구

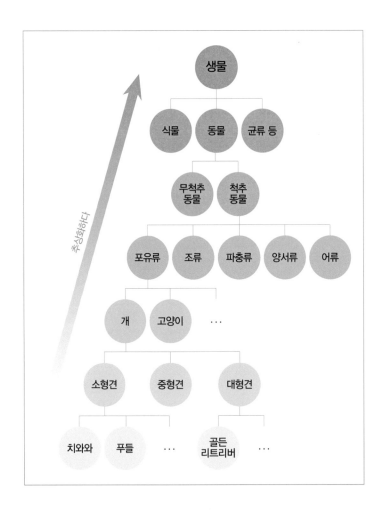

체적인 사실들을 바라보는 관점과 해석이 달라집니다. 주목해야
할 지점이 바뀌고, 주장의 내용이 바뀝니다. 즉, 동일한 사실들이
추상화하면서 새로운 '의미를 이해하고 발견하게' 됩니다. 때문

에 추상화하는 사고 능력이 높아지면 기존에 가지고 있는 지식을 다양한 각도로 활용할 수 있게 됩니다. 응용력이 좋아진다는 뜻입니다.

배우면 배운 대로만 기억하는 아이들 중에는 이 추상화하는 능력, 즉 지식을 범주화하는 능력이 떨어지는 경우가 많습니다. 그러나 추상화 능력이 좋은 아이들은 수많은 개별 지식을 통합적으로 이해합니다. 이 능력이 좋은 아이들은 같은 시간을 공부해도 다른 차이를 만들어냅니다. 왜 그런지 예를 들어볼까요?

국어 설명문을 예로 들어봅시다. 글쓴이는 단락 하나에 여러 가지 문장을 씁니다. 그렇다 하더라도 하나의 단락에는 가장 중요한 하나의 주제가 있습니다. 간혹 주제와 다른 문장이 들어가 있다 하더라도, 큰 틀에서의 주제를 해치지는 않습니다. 그리고 각각의 단락은 또다시 글 전체가 담고 있는 큰 주제 아래에 포함됩니다.

추상적 사고를 하지 않는 아이는 단락마다 들어 있는 각각의 문장과 각각의 단어로 글 자체를 읽는 데 바쁩니다. 다양한 문장이 다양한 내용을 다룬다고 착각합니다. 글자 하나하나를 좇으며 보물찾기를 하듯이 꼭꼭 숨은 문제의 답을 찾기 시작합니다. 반면 추상화하는 아이는 겉으로 드러난 형태는 달라도 글쓴이가 '말하려는 것은 한 가지'라는 사실을 파악합니다.

추상화하는 능력이 좋은 아이들은 넓은 범위에서 글, 사물, 환경을 봅니다. 우리가 어떤 사물을 바라볼 때 멀리서 보면 볼수록 그 윤곽이 더 뚜렷하게 파악될 때가 있습니다. 지식을 접하는 것도 비슷합니다. 더 넓은 범주에서 개별 지식을 접하게 되면 각 개별 지식이 가지고 있는 핵심을 금방 파악합니다.

학년이 올라가면 문제집이나 시험에 등장하는 문제 자체를 이해 못 해서 쩔쩔매는 경우가 생깁니다. 문제의 길이가 길어지고, 표현이 복잡해지고, 문제가 담고 있는 정보의 양이 많아지기 때문입니다.

그럴 때 추상화하는 능력이 필요합니다. 이 문제가 큰 범주에서 무엇을 묻고 있는 것인지 파악하게 되면, 그 복잡한 문제가 가지고 있는 구체적인 내용에 집착하지 않을 수 있습니다. 그렇게 되면 문제의 핵심을 파악할 때 옆길로 새지 않습니다. 답이 될 가능성이 있는 모든 경우를 일일이 점검하면서 시간을 낭비하지 않는다는 말입니다. 어려운 문제를 대할 때도 문제가 결국 묻는 것이 무엇인지를 파악하고, 그 답을 찾아내는 데만 몰두할 수 있습니다.

많은 시험 문제에도 당황하지 않으려면

추상화하는 사고 능력이 중요한 이유 중 하나는 다량의 문제를 푸는 방법과 직접적인 관련이 있기 때문입니다. 수학 과목을 예로 들어봅시다. 수학 문제집 한 페이지에 10개의 문제가 있습니다. 추상화하지 못하는 아이는 문제 10개를 각각의 문제로 인식합니다. '아, 이건 분수 문제네. 이건 소수 문제고, 여기에는 분수랑 소수가 나오고…' 이런 식입니다.

그러나 추상화하는 아이는 각각의 문제를 정리할 줄 압니다. '이것과 이건 전부 연산법칙을 묻는 문제야'라는 식으로 정리하는 겁니다. 그래서 시험 문제가 30개가 있으면, 1번부터 10번까지는 무엇을 묻는 문제, 11번부터 20번까지는 무엇을 묻는 문제, 이런 식으로 상위 개념으로 정리합니다. 이러면 많은 문제가 주어지더라도 겁먹지 않게 됩니다.

말이 나온 김에 수학 실력을 높이는 학습법에 대해 설명하겠습니다. 수학처럼 아이들이 어려워하는 과목일수록, 공부를 할 때 생각이 연결될 수 있도록 설계해야 합니다. 예를 들어 1번 문제를 풀고 나면, 그다음에 나오는 2번 문제에 대한 힌트가 1번에 있는 방식으로 공부하는 것이 좋습니다. 혹은 앞에 나온 문제가 큰 범주를 다뤘다면, 그다음에 나오는 문제는 큰 범주 안에 속하는 작은 범주의 이야기를 다루는 게 좋습니다. 반대도 괜찮습니다. 작은 범주의 문제에서 큰 범주의 문제로 넘어가도 됩니다. 중요한 건 연결된 문제들을 통해 '이 범주에 대해 계속해서 생각하는 상태'를 만드는 것입니다.

지식이 연결되는 경험을 많이 하면 할수록 '정리하는 사고력'이 커집니다. 정리하는 사고력은 곧 지식을 스스로 계층화, 구조화할 수 있다는 뜻입니다. 인간의 뇌에 들어오는 지식이 모두 옆으로 쭉 늘어서 있다면 인간의 뇌는 금방 피로를 느낄 겁니다. 각각의 지식이 유사한 지식과 앞-뒤, 상-하, 대-소 등 어떤 관계로 정리될 때 생각은 훨씬 더 깊어집니다.

물론 실제 입시에서 문제가 이런 식으로 나오지는 않습니다. 특히 극심한 상대평가를 목적으로 하는 시험일수록 시험 문제가 다 다른 범주에서 출제됩니다. 그런 시험은 아이들을 교육하는 데 목적이 있는 게 아니라 실수를 유발하도록 하는 게 목적이기 때문입니다. 안타깝게도 입시가 치열할수록 그런 유형의 시험에 놓이게 됩니다.

그런 시험에 당황하지 않기 위해서라도 평소에 공부할 때는 서로 비슷한 것끼리 묶어 공부하면서 정리하는 사고 능력, 즉 추상화하는 사고 능력을 자연스럽게 키워야 합니다.

시험이 그렇게 마구잡이로 나오니까 평소에 공부할 때도 마치 시험을 보듯이 마구잡이로 공부해야 하지 않느냐고 생각할 수도 있습니다. 그렇게 가르치는 곳들도 있습니다.

하지만 앞에서도 말했듯이 공부를 잘하기 위해서는 심리적 안정성이 중요합니다. 모범생 중에는 매일같이 자신을 들들 볶으며 성적이 떨어질까 불안해하는 아이도 있지만, 고득점을 받는 학생들을 보면 그런 유형은 오히려 적습니다.

그러니 심리적 안정성을 위해서라도 평소에 공부할 때 생각의 유사성, 생각의 방향, 생각의 관계성을 찾아가는 연습을 해두는 것이 좋습니다. 그래야 마구잡이로 흩어진 문제들을 자신에게 익숙한 방식으로 재구축할 수 있습니다. 퍼즐이 완전히 다 맞춰진 모양을 미리 알고 있으면, 퍼즐 조각이 마구 흩어져 있어도 더 빨리 맞출 수 있는 것과 비슷합니다. '내가 전체적인 모양을 알고 있다'고 생각하면 학습할 때 훨씬 마음이 안정됩니다.

고득점 학생들은 어떻게 많은 내용을 소화할까?

그러면 어떻게 이 추상화하는 사고 능력을 길러줄 수 있을까요?
두 명의 학생이 국어 교과서를 읽는다고 합시다. 한 아이는 추상
화하는 능력이 뛰어나서 더 빨리 읽고, 더 정확하게 메시지를 파
악합니다. 한 아이는 열심히 꼼꼼히 읽지만 메시지를 파악하지
못합니다. 두 아이의 행동은 똑같습니다. 단지 '읽는다'입니다.
눈으로 보이는 행동의 차이가 없는데, 어떻게 추상화하는 능력
은 다를 수 있을까요? 추상화하는 능력이 떨어지는 아이들을 어
떻게 가르칠 수 있을까요?

이때도 '질문'이 극적인 변화를 가져옵니다. 추상적 사고력
을 키우는 마법의 말은 바로 "요약하면?"입니다. 인간의 뇌는 "요
약하면 어떤 거야?"라는 질문을 받으면, 자연스레 곁가지는 덜어
내고 큰 줄기만 남기려는 방향으로 움직입니다. 즉, '정리하기'
작업이 진행됩니다. "요약하면?"이라는 말은 다음의 말로 응용할
수 있습니다.

"간단히 말하면?"
"공통점은 뭐지?"

"줄여서 말하면?"

이런 종류의 말은 '요약하면?'이라는 질문과 똑같은 효과를 발휘합니다. 앞서 나왔던 개의 예시를 떠올려봅시다. "치와와, 골든 리트리버, 꼬마 푸들의 공통점은?"이라고 물으면 답은 '개'가 되겠지요. 다시 "개와 사람의 공통점을 찾으면?"이라고 물으면 '포유류'로 생각의 범위가 한층 추상화됩니다.

두뇌 OS가 높은 아이는 이런 종류의 '추상화하는 질문'을 스스로 묻고 답하며 생각을 정리해가는 과정을 밟습니다. 긴 글을 읽을 때도 자동으로 '요약하면 이 글을 어떻게 말할 수 있을까?'를 생각하고 있습니다. 지문이 긴 수학 문제를 읽을 때도 '요약하면 무엇을 묻는 문제지?'라고 생각하고 있습니다.

학구열이 높은 학생 중 석사, 박사 과정까지 밟으며 두각을 나타내는 경우를 보면, 추상적 사고가 강하다는 공통점을 발견할 수 있습니다. '하나를 들으면 열을 아는' 것입니다. 하나를 들으면 열을 아는 일이 가능한 것은, 자신이 접한 특정 지식이 어떤 상위 범주에 속하는지를 파악한다는 겁니다. 그러니 그 '하나'가 속한 범주에 있는 다른 '열 가지'를 떠올릴 수 있는 것이지요.

고득점으로 명문대에 진학하는 학생들을 보면 한두 과목만 잘하는 경우는 별로 없습니다. 대부분 과목에서 높은 성적을 얻습니다. 난해한 문제들까지 소화해냅니다. 물론 누구보다 열심히 노력했겠지만, 많은 과목을 어려운 문제까지 소화할 수 있게 된 이유가 그저 문제를 수없이 풀었기 때문만은 아닙니다. 그들이 고득점을 올릴 수 있는 배경에는 구체적인 문제를 추상화하여 자연스럽게 '패턴화'하는 과정이 있습니다.

사회생활을 생각해보면 쉽게 이해가 됩니다. 추상화하는 사고 능력이 높은 사람은 다양한 영역에서 높은 성과를 냅니다. 이 부서에서 저 부서로 이동했다고 해서, 그 부서의 일을 맨 처음부터 하나하나 새로 배우는 것이 아닙니다. 지난 부서에서 했던 일과 유사한 패턴을 찾아내고 응용합니다. 각각의 일을 패턴화하는 것입니다. 그리고 그 일의 패턴을 새로운 부서에서도 적용합니다.

추상적 사고가 익숙하지 않은 사람은 '일반화' '패턴화'가 잘 안 됩니다. 모든 일을 구체적인 개별 업무로 인식하기 때문에 처음부터 다시 배워야 한다고 생각합니다. 이는 모든 종류의 수학 문제를 다 풀어보지 않으면 시험에서 높은 점수를 얻을 수 없다고 생각하는 수험생과 비슷합니다. 당연히 이런 방식으로는 고생할 수밖에 없습니다.

천재라고 불리는 아이 중 계속해서 천재성을 발휘하는 이들은 이러한 추상적 사고 능력이 뛰어난 경우입니다. 암기력이 높거나, 계산 능력이 뛰어난 아이들이 영재인 것은 아닙니다. 한때 천재라고 불렸던 아이 중에 나이가 들고 학년이 올라가면서 도리어 평범한 수준의 학습 능력을 갖는 경우가 바로 그런 것을 보여주지요.

마지막으로 추상적 사고가 뛰어난 아이들은 직관적으로 본질적인 질문을 던지는 경향이 있습니다. 이들은 '의문을 갖는 지점'의 범주가 높습니다. 보통의 아이들은 "엄마, 이 만화 주인공이름이 뭔가요?"와 같이 구체적인 궁금함을 해결하는 질문을 많이 던집니다. 하지만 어떤 아이들은 "엄마, 사람은 왜 태어나요?"와 같은 추상적인 질문을 던집니다.

그런 질문을 던질 수 있다는 건 추상적 사고력이 높아질 가능성이 큰 아이입니다. 그러니 내 아이에게 그런 질문을 받는다면 엉뚱한 말이라고 넘겨버리지 말고, 왜 그런 생각을 하게 되었는지 물어보세요. 그리고 앞에서 살펴본 대로 "너는 어떻게 생각해?"라고 되물어보면서 아이의 사고력이 업그레이드될 수 있도록 유도해주어야 합니다.

물론 내 아이가 이런 추상적 질문을 잘 하지 못한다고 해서 두뇌 OS가 떨어진다고 단정할 수는 없습니다. 두뇌 OS는 여러 사고력이 복합적으로 작동하면서 만들어집니다. 구체적인 사고도 당연히 필요하기 때문입니다. 다음에는 구체적 사고력의 중요성과 구체적 사고력을 키우는 부모의 언어에 대해 살펴보겠습니다.

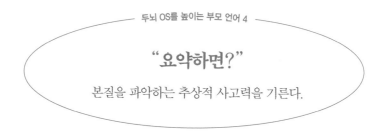

두뇌 OS를 높이는 부모 언어 4

"요약하면?"

본질을 파악하는 추상적 사고력을 기른다.

5. '구체적 사고력'을 키우는 부모의 언어 – 예를 들면?

추상적 사고력을 더욱 높이려면 구체적 사고력도 동시에 길러야 합니다. 구체적 사고력을 기르는 질문은 바로 "예를 들면?"입니다. 이 말은 "요약하면?"과 함께 사용하면 더욱 효과가 좋습니다. 비슷한 질문으로는 다음과 같은 것이 있습니다.

"어떤 종류가 있을까?"

"더 자세하게 이야기해보면?"

"예를 들면?"의 응용 버전으로 "그게 아닌 예는 뭘까?"라는 질문도 할 수 있습니다. "예를 들면?"은 흔히 쓰는 말이면서도 두 뇌에 강한 자극을 주는 말입니다. 이 질문을 받고 구체적인 사례를 찾는 순간 아이의 사고는 어떻게 움직이게 될까요?

환경문제를 예로 들어보겠습니다. "현재 지구는 환경문제로 몸살을 앓는다"라는 표현은 추상적입니다. 여기서 "예를 들면?" 하고 물어봅시다. 아이와 엄마의 대화입니다.

"현재 지구는 환경문제로 몸살을 앓고 있어요."

"예를 들면?"

"쓰레기 분리수거를 제대로 하지 않는 사람들이 있어요."

"다른 건?"

"얼마 전 고래 배 속에서 플라스틱 더미가 나왔어요."

평범한 대화 같지만 이 과정에서 아이의 사고는 두 가지 단계를 밟았습니다. 첫째, 환경문제의 의미를 이해하고, 한 단계 좁은 범위로 생각을 좁혀갈 수 있다. 둘째, 쓰레기 분리수거와 고래 배 속의 플라스틱이 같은 범주에 있다는 사실을 인식했다.

질문을 받고 구체적인 예시를 찾아내려는 순간, 내가 과연 '환경문제'라는 개념을 제대로 이해하고 있는지를 자동으로 검증하게 됩니다. 그리고 '지금 지구의 환경문제가 심각하다'라는 주장이 과연 타당한 것인지를 구체적인 예를 통해 검증하게 됩니다. 또한 머리에 떠오르는 예시 중에서 가장 적절한 것이 무엇인지, 혹은 상대방이 가장 이해하기 쉬운 예시가 무엇인지를 찾게 됩니다. 이 과정을 통해 두뇌 OS는 더 정밀해집니다.

앞의 대화처럼 "예를 들면?"이라는 질문을 한 다음에 "다른 예는 또 뭐가 있을까?"라고 물어보면 더욱 효과가 좋습니다. 두 번째 예시를 찾으려고 할 때는 '환경문제' 아래에 속하는 지식을 찾는 동시에, 먼저 말한 '쓰레기 분리수거'와 동등한 위치에 있는 지식을 찾으려는 노력도 진행되기 때문입니다. 지식의 상하 관계와 좌우 관계가 동시에 이루어지는 것입니다. 이로 인해 '정리하다'라는 상태에 더 확실하게 이르게 됩니다.

앞에서 나왔던 대화를 조금 더 이어가 보겠습니다.

"분리수거와 고래 배 속의 플라스틱 같은 환경문제가 있구나. 이번에는 학교에서도 그런 사례를 한번 찾아볼까?"

이렇게 물어보면 다시 새로운 관점으로 구체적인 사례를 생각해내게 됩니다. 지금까지 의식하지 않던 시선이 생겨나고, 새로운 발견을 하게 됩니다. 이런 과정에서 문제의식과 호기심이 싹트기 시작하며 나아가 '알고 싶다' '배우고 싶다'는 욕구로 발전합니다.

이렇게 생각이 '추상 → 구체'로 이동하는 연역적 사고가 일어나고, 더욱 다양한 사례를 찾아내다 보면 새로운 아이디어를 만들어내는 창의력 또한 길러집니다.

이 사례를 통해서 어렴풋이 느꼈겠지만 "예를 들면?"이라는 질문을 다른 질문들과 비교해보면 특별한 장점이 있습니다. 유독 부모가 사용하기에 부담이 매우 적다는 겁니다. 질문에 대한 아이의 호응도 끌어내기 편합니다.

"왜?" "어떻게?" "요약하면?"과 같은 말들은 부모에게도 어려운 질문이 될 때가 있습니다. 부모와 아이의 대화가 수평적이고 즐거운 대화가 되기 어려운 것은, 많은 부모가 아이에게 질문할 때 '나는 어른이고 부모니까 답을 알고 있어야 한다'는 심리를 갖고 있기 때문입니다. 아이 입장에서도 '틀린 답을 말하면 어떻게 하지?'라는 심리가 깔리기 쉽습니다.

그러나 "예를 들면?"은 그런 심리로부터 훨씬 자유로운 질문입니다. 추상적 개념이나 지식의 아래에 속하는 구체적인 개념이나 지식을 찾는 건 쉬운 일로 느껴지기 때문입니다.

"예를 들면?"이라는 질문은 뒤이어 계속 대화를 이어나가기에 좋다는 장점도 있습니다. "그럼 이번에는 학교에서의 환경오염 사례를 찾아볼까?"라는 말처럼, 다양하게 예시의 조건을 바꿔가면서 대화를 지속할 수 있습니다. 그만큼 생각하는 시간이 늘어나고 깊이도 깊어집니다. "예를 들면?"이라는 흔한 질문에 굉장한 의미가 있고, 사고력을 길러준다는 사실이 놀랍지 않나요.

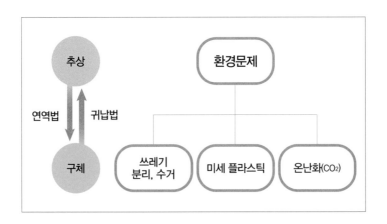

응용력이 좋은 아이의 특징

추상화 사고와 구체화 사고를 동시에 발달시키면 응용력이 높아집니다. 이 응용력은 어릴 때부터 키워줘야 합니다. 응용력이 낮은 아이는 성인이 되어서도 계속 응용력이 낮습니다. 응용력이라는 게 도대체 무엇일까요? 이것도 '추상적 사고'로 설명 가능합니다. 응용력이 있는 사람은 다음과 같은 순서로 생각이 흘러갑니다.

• 구체적인 사실들 → 추상화(요약) → 다른 사실에 적용(응용)

이걸 '귀납적 사고'라고 합니다. 고등학교 때 수학 시간에 배웠던 '수학적 귀납법'의 바로 그 귀납법입니다. 몇 개의 구체적인 사실·개념·지식의 '공통점을 찾아내 유형화하는 것'이 바로 응용력이라고 할 수 있습니다. 응용력은 반대 방향으로 진행되기도 합니다.

• 추상적 지식 → 구체화(예시) → 다른 사실에 적용(응용)

이를 '연역법'이라고 합니다. 'A=B이다. B=C이다. 따라서 A=C이다'라는 논리입니다.

뛰어난 운동선수는 자신의 전문 분야가 아닌 종목에서도 곧잘 실력을 발휘합니다. 예를 들어 프로야구 선수는 구체적인 야구 동작에서 몸을 쓰는 방법을 일반화·추상화하여 축구에도 적용할 수 있습니다. 훌륭한 야구 감독이 말하는 자신의 야구 철학과 리더십을 추상화하면 비즈니스 영역에서 CEO의 성공 이론과 맞닿는 면이 있습니다.

'하나의 깨달음으로 만사에 통한다'는 것, 즉 공통점을 찾아내는 게 응용력이라고 할 수 있습니다. 응용력의 핵심이 추상화 사고라는 것을 이해하게 되면, 아무리 많은 문제를 풀어도 응용력이 생기지 않는 학생들의 문제가 무엇인지 파악할 수 있습니다. 우리가 흔히 수학 문제를 못 푸는 아이들에게 이런 말을 자주 합니다.

"개념부터 제대로 이해해."
"공식의 뜻을 이해해."

이 말은 추상적 사고의 중요성을 말하고 있는 겁니다. 추상적으로 생각하지 않으면, 수많은 응용 문제는 그저 각기 다른 문제의 나열에 지나지 않습니다. 앞에서 '접근법 2: 정리하게 하기'가 두뇌 OS를 높이는 방법 가운데 가장 중요한 단계이며, 특히 학습 능력과 관련이 깊다고 말한 이유가 여기에 있습니다.

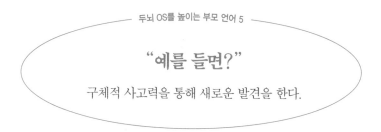

두뇌 OS를 높이는 부모 언어 5

"예를 들면?"

구체적 사고력을 통해 새로운 발견을 한다.

부모 언어를 활용할 때 주의할 점 일곱 가지

지금까지 두뇌 OS를 업그레이드하는 '부모 언어' 다섯 가지를 소개했습니다. 이 부모 언어를 '마법의 말'이라는 별명으로 부르긴 하지만, 어떤 방법이든 제대로 효과를 보기 위해서는 유의할 점이 있습니다.

기본적으로 유의할 점은 이 말이 아이의 어떤 사고력과 관계가 있는지를 분명히 이해하고 실행하는 것입니다. 사고력을 키우는 게 목적이지, 아이의 답변을 평가하고 오류를 지적하는 게 목적이 아니라는 것을 항상 염두에 두어야 합니다.

다음으로는 부모가 아이에게 '질문'을 던질 때 조심해야 할 부분들을 짚어보겠습니다. 다음의 NG들을 유념하여 부모 언어를 더욱 효과적으로 활용해보세요.

① 아이가 모르는 어휘를 사용해서 질문하면 NG

예를 들어 초등학교 1학년 아이에게 이야기한다고 생각해봅시다. 여덟 살에 이미 높은 두뇌 OS를 가진 아이도 있겠지만, 아이들 대부분은 어휘의 폭이 한정적인 데다 아는 단어라 해도 의미를 정확히 이해하지는 못합니다.

"요약하면?"이라고 물어도 정작 '요약'이 무엇인지를 모르면 아무런 효력을 발휘하지 못합니다. 이런 상황에서는 "이것과 저것은 어떤 점이 비슷할까?" 하고 질문을 바꿔보세요. 공통점을 찾아내는 것도 바로 추상화입니다. "무엇이 비슷할까?"라는 질문도 "요약하면?"과 충분히 같은 작용을 합니다. 듣는 아이가 이해할 만한 단어로 물어봐주세요.

단어의 의미를 모르면 질문 자체에 반응하지 않기도 합니다. 자신이 이해할 수 없는 일이라고 생각해서 아예 생각 자체를 멈추는 겁니다. 그런 상태에서는 질문의 종류를 바꿔볼 필요가 있습니다. 질문을 건넸는데 '어째서 반응이 없지?' '진지하게 듣고 있나?' '질문을 듣기는 했나?'라는 생각이 든다면 아이가 질문의 의미를 제대로 파악하지 못하는 상황일 수도 있습니다. 그럴 때는 다양하게 말을 바꿔보면서 우리 아이가 잘 이해하는 방식의 말을 찾아보기를 바랍니다.

② 아이가 생각하기 전에 대답하면 NG

"왜 그럴까?" "요약하면 어떤 걸까?" 이런 물음에 아이들은 종종 "몰라요"라는 대답을 내놓기도 합니다. 괜찮습니다. 누구나 질문을 받으면 잠시나마 질문 내용에 의식을 집중하여 '생각하는 상태'가 됩니다. 그러니 설령 질문의 대답이 "음… 모르겠어요"라도 괜찮습니다. 아이의 대답에서 중요한 것은 "음…"입니다. 생각하기 위해 애를 썼다는 증거이기 때문입니다.

부모 언어는 질문의 결과인 '답'이 아니라 생각하는 '과정'을 중요하게 여깁니다. 그런 부모의 태도가 아이의 두뇌 활성화를 촉진합니다. 아이가 모른다고 답했다면, 그 이후에는 "내 생각에는…" 하며 부모의 의견을 말해주는 것도 좋습니다. 아이가 생각하는 과정을 거친 후이므로 이때는 답을 말해줘도 문제가 없습니다.

그러나 실제로는 아이가 미처 충분히 생각하기도 전에, 질문을 던진 부모가 곧장 답을 말해버리는 때가 많습니다. 기껏 마법의 말을 던져놓고, 두뇌 OS를 업그레이드할 기회를 빼앗는 셈입니다.

③ 아이에게 집요하게 물으면 NG

간혹 아이가 질문에 적극적으로 응하지 않는 때가 있습니다. 어른들보다 아이들이 이런 경우가 많습니다. 이때도 '질문' 자체가 상대방 두뇌를 자극한 것이므로 충분히 의미가 있습니다.

답변을 꼭 얻겠다고 집요하게 질문을 거듭하면 아이는 거부감만 느낄 뿐입니다. 아이가 질문에 적극적으로 응하지 않을 때는 대화를 계속 이어가지 않는 편이 좋습니다.

그러나 결코 헛된 질문은 아니었다는 사실을 기억해주세요. 아이가 대답하지 않는다고 부모가 실망하는 태도를 보이면 안 됩니다. 질문을 던졌다는 그 자체로도 의미가 있다고 생각해야 합니다. 자신이 제대로 대답하지 않았는데도 부모가 대화 자체를 의미 있게 생각하는 모습을 보게 되면, 답변 없이 대화가 끝난다 해도 아이는 그 질문을 품에 안고 있게 됩니다.

④ 아이를 가르치려 하면 NG

가르치려 하지 말라니, 이 말이 이해가 안 갈 수도 있겠습니다. 아이의 교육적 효과를 위해 마법의 말을 활용하는데 '가르치려 하지 않기'를 하라니. 이건 무슨 뜻일까요?

앞에서 잠깐 설명했지만 부모의 질문은 정말 '질문다워야' 합니다. 그래야 아이들이 답하고 싶은 마음이 들고 생각을 하게 되기 때문입니다.

그런데 부모가 가르치려 할수록 말과 행동에 힘이 들어가 아이가 질문의 의도를 금방 눈치챕니다. 특히 공부를 목적으로 부모가 질문하면 아이는 금세 알아차립니다. 일상 대화에 섞어 자연스러운 느낌으로 시도해보세요.

⑤ 같은 질문을 여러 번 하면 NG

두뇌 OS를 높이는 질문이라고 하니, 많이 사용할수록 효과적이라 생각하기 쉽습니다. 많이 사용해서 효과적이기도 합니다. 단, 스스로 자문할 때만 그렇습니다. 자신에게 적용할 때는 분명 그렇지만, 다른 이에게 활용할 때 같은 말을 여러 번 사용하면 자칫 '집요하다'는 인상만 줄 수 있습니다. 그리고 아무리 부모라도 결국 '남'입니다. 남이 나에게 자꾸 질문하는 게 좋게 느껴지지는 않습니다. 그러니 너무 빈번하게 사용하지 마세요. 빈도가 너무 잦으면 아이가 "엄마는 맨날 '왜?' '왜?'라고 묻기만 해"라고 할 겁니다.

자기 자신에게는 한 가지 마법의 말을 몇 번이고 적용해도 좋습니다. 그러나 아이의 능력을 키워주고픈 마음에 똑같은 말을 반복하면 아이가 부담을 느껴 마법의 말이 효과를 내지 못합니다.

그러므로 아이를 향한 질문이 자칫 끈질기다는 느낌을 주겠다 싶을 때는 질문의 대상을 자신으로 바꿔보세요. 부모가 스스로 질문하고 스스로 답하는 과정을 통해 사고력이 높아지는 걸 보는 것만큼 아이에게 좋은 교육도 없습니다. 또한 부모가 자신에게 질문을 돌려보면, 그 질문에 답할 때 느껴지는 부담감이 무엇인지도 잘 이해하게 됩니다. 아이와의 대화에 더 좋은 태도로 임할 수 있게 되지요.

앞에서 살펴본 다섯 가지 질문은 일상에서 가장 활용하기 쉬운 단순한 표현을 대표적으로 뽑아본 것입니다. 이와 같은 기능을 하면서 훨씬 더 자연스러운 표현을 부모 스스로 찾아낼 수도 있을 겁니다.

⑥ 모든 질문을 한 번에 하려고 하면 NG

지금까지 모두 다섯 가지 질문을 설명했습니다. 그리고 다음 장에는 또 다른 다섯 가지의 질문이 나옵니다. 이때 부모들은 '10가지를 전부 사용해야지!'라는 과도한 책임감에 사로잡히기도 합니다.

그렇게 마음먹으면 결국 실패하게 됩니다. 부모부터 숙제처럼 느끼면 아이의 일상에 이 질문들이 스며들지 않습니다. 게다가 당장 눈에 보이는 효과가 나타나지 않는다 싶으면, 질문하는 일을 금방 멈추게 됩니다. 부모 언어는 의무감을 느끼면 지속하기 어렵습니다. 그러니 자신이 잘할 수 있는 질문 몇 가지만 추려서 조금씩 사용해보세요. 자신이 능숙하고 자연스럽게 10가지 질문을 활용할 수 있는 상태에 이르기까지 천천히 단계를 높이도록 합니다.

마지막으로 매우 중요한 부분입니다. 저는 아이의 자존감을 키워주는 부모 언어에 관한 책을 쓴 적이 있습니다. 여러 사례를 살펴보면 자존감을 키우는 언어는 꽤 이른 단계에서 빠르게 효과가 나타납니다. 그러나 이 책에서 소개하는 '두뇌 OS를 높이는 부모 언어'의 효과는 눈에 보이기까지 다소 시간이 걸립니다.

제가 직접 아이들을 코칭한 결과, 그리고 부모 카페의 회원들이 자신의 아이와 함께 실행해본 결과들을 종합해보면 평균적으로 최소 1개월에서 3개월이 걸립니다. 왜냐하면 아이가 기존에 생각하지 않던 방식으로 두뇌를 돌려야 하는 '낯선' 일이기 때문입니다. 현재 단계의 사고력에서 더 높은 단계의 사고력으로 올라가는 '어려운' 일이기 때문입니다. 게다가 아이는 물론 부모도 이런 질문의 언어가 습관이 되는데 시간이 걸립니다.

그러나 긴 인생을 생각해보면 이 정도는 매우 짧은 시간입니다. 유형 1, 2의 아이와 유형 3 아이의 차이가 어릴 때는 눈에 잘 띄지 않습니다. 그러나 학년이 점점 올라갈수록 그 차이는 커집니다. 성인이 되면 극심하게 차이가 납니다. 게

다가 연령이 높아질수록 질문을 통해 두뇌 OS를 업그레이드하기가 더 어려워집니다. 신입 사원의 사고방식을 바꾸는 것과 수십 년을 다닌 고참 사원의 사고방식을 바꾸는 것 중에 당연히 후자가 어려운 것처럼 말입니다.

아이가 앞으로 살아가야 할 긴 인생을 생각한다면 '마법의 말이라면서 효과가 없잖아'라고 생각하지 말고, 차분한 마음으로 꾸준히 실행해보시길 바랍니다.

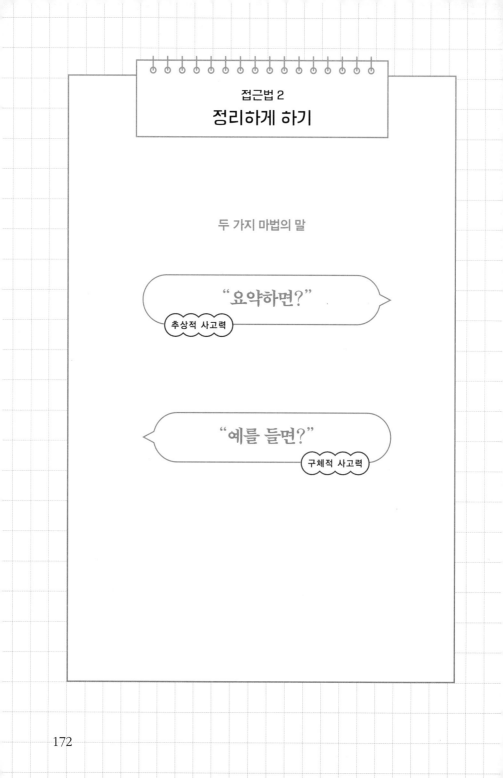

접근법 2
정리하게 하기

두 가지 마법의 말

"요약하면?"

추상적 사고력

"예를 들면?"

구체적 사고력

추상적 사고력 키우기 _ '요약하면' '공통점은' '비슷한 점은' 등의 말을 이용해 핵심을 빠르고 정확하게 파악하는 사고를 기릅니다.

예시

주제 영화

질문 네가 좋아하는 영화에는 어떤 공통점이 있을까?

대답 나는 〈겨울왕국〉〈인 사이드 아웃〉 같은 영화를 좋아합니다. 애니메이션이라 는 공통점이 있습니다. 또한 서로 다른 성격을 가진 두 명의 주인공이 결국에 는 친해지는 이야기라는 공통점이 있습니다. 저는 우정을 다룬 영화를 좋아 하는 것 같습니다.

→ 구체적인 사실의 공통점을 찾아, 추상적으로 표현하는 능력을 키웁니다.

주제:

질문:

대답:

주제:

질문:

대답:

구체적 사고력 키우기 _ '예를 들면'이라는 말을 사용해, 알고 있는 지식을 더 정확하게 이해하는 능력을 기릅니다.

예시

주제 바이러스

질문 바이러스의 예를 들어볼까?

대답 사람들 사이에 전염되는 코로나19는 바이러스입니다. 독감도 바이러스입니다. 기생충은 바이러스가 아닙니다.

　　→ 구체적인 사례를 생각함으로써, 자신이 알고 있는 지식을 정리하는 능력을 키웁니다.

주제:

질문:

대답:

주제:

질문:

대답:

아이에게 했던 말 중에서 사고력을 키우는 데 오히려 방해가 되었던 말은 어떤 것들이 있는지 떠올려봅시다.

___

혹시 NG 질문을 하지 않았나? 했다면 어떤 것이었나?

— 예시) 예은아, 너만의 생각을 이야기해봐.

—

—

—

—

—

___

위의 NG 질문을 어떻게 바꿔볼 수 있을까?

— 예시) 예은이는 어떻게 생각해?

—

—

—

—

—

7장

자기주도적으로 두뇌 OS를
업그레이드하는 다섯 가지 방법

아이의 두뇌 OS를 끌어올리는 부모의 언어는 앞에서 말한 다섯 가지를 반복해도 충분합니다. 그러나 고학년이 되고 성인이 되어가면서 다른 종류의 사고력도 필요합니다. 이번 장에서는 두뇌 OS를 한층 강화하는 다섯 가지 질문을 소개합니다.

스스로 질문을 던지는 아이가 되기

여기에서 다룰 다섯 가지 질문의 공통점은 아이가 부모에게서 들을 때도 좋은 질문이지만, 자기 자신에게 되물을 때 더 효과가 좋다는 것입니다. 모든 것에서 자기주도적으로 배우는 사람, 즉 배움의 3번째 유형이 된다는 건 아이 스스로 자신의 두뇌 OS를 업그레이드하려고 애를 쓴다는 의미입니다. 또한 특정한 외부 자극이 없더라도 자동으로 자신의 사고력을 자극한다는 말이기도 합니다. 이제부터 소개할 다섯 가지의 질문이 그런 자발적 힘을 기르는 데 도움이 될 것입니다.

부모의 질문이 처음에는 아이의 생각을 앞에서 이끌 수 있습니다. 그러나 성장하는 과정에서 부모의 질문은 아이의 생각을 뒤에서 밀어주는 자리로 물러나야 합니다. 점점 더 아이가 능동적으로, 주체적으로 생각할 수 있게 해야 합니다. 좋은 질문은 결국 자신이 되물었을 때 효과가 가장 좋습니다. 여기에서 다루는 질문들은 아이가 자기주도적으로 사고하는 데 초점을 맞추고 있습니다.

7장에서 다루는 다섯 가지 질문의 또 다른 공통점은 의무 교육 과정, 즉 입시 교육이 끝난 다음에 더 큰 효력을 발휘한다는 것입니다. 안타깝게도 대학 입시가 끝나면 아이의 사고력을 키우는 일이 끝났다고 여기는 경우가 종종 있습니다. 그러나 많은 부모들은 경험상 그 이후에 진짜 교육이 필요하다고 앞다투어 고백합니다.

부모라면 누구나 아이의 사고력을 키워야 하는 이유가 단지 좋은 성적을 받기 위한 것만은 아님을 느끼고 있습니다. 또한 진로 결정, 취업 준비, 업무 수행, 심화 연구 등과 관련해 더 다양한 사고력이 필요하다는 것을 깨닫습니다. 이때야말로 정말 '모든 것에서 배우는 두뇌'가 필요한 것입니다. 어른이 되어서 스스로 배우지 않을 때 일어나는 어려움은 학창 시절에 겪는 어려움보다 더 크다는 것도 알게 됩니다.

제가 학생과 학부모를 대상으로 하던 사고력 강의를 기업에서 자주 하게 되는 이유도 여기에 있는 것 같습니다. 사회의 일원으로 자기의 삶을 주도적으로 살아가는 데에 두뇌 OS의 차이가 큰 영향을 미치기 때문입니다. 또한 조직에서도 각 구성원들의 사고력 향상이 조직 전체의 미래를 좌지우지한다는 걸 인식하고 있기 때문입니다.

그러면 이제부터 두뇌 OS를 한층 더 강화하는 다섯 가지 사고력이 무엇이고, 그 사고력을 키우는 말들에는 어떤 것이 있는지 알아보겠습니다.

6. '적극적 사고력'을 키우는 언어 – 즐기려면?

여섯 번째로 살펴볼 마법의 말은 '적극적 사고력'을 키우는 말입니다. '적극적 사고'가 어떻게 두뇌 OS를 강화할까요? 이렇게 물어보면 쉽게 이해가 됩니다. 소극적으로 생각하는 사람의 두뇌가 활발히 움직일까요?

군이 뇌과학 분야의 연구 같은 근거를 대지 않아도 소극적으로 생각하는 사람은 공부나 일에서 성과가 낮다는 사실을 직감적으로 알 수 있습니다. 우선 적극적으로 사고하는 게 외향적인 성향을 말하는 건 아니라는 점을 짚고 가겠습니다.

적극적 사고를 쉬운 말로 바꾸면 '의욕'이라고 할 수 있습니다. 아이의 의욕을 끌어내는 방법을 알지 못해서 끙끙 앓는 부모, 부하 직원의 의욕을 끌어내지 못해서 난감해하는 상사들을 자주 봅니다.

'스스로 하겠다'는 욕구를 갖는 것만큼 높은 성과를 내는 데 더 좋은 방법은 없습니다. 학교에서는 자기주도 학습이, 회사에서는 동기부여가 중요한 이유가 바로 이 때문입니다. 그래서 어떻게 하면 자발성과 적극성을 가질 수 있을지에 대한 조언들이 넘쳐나지요.

안타깝게도 '이렇게 하면 반드시 의욕이 솟아납니다'라는 절대적이고 유일한 방법은 없습니다. 의욕이 없는 이유가 사람마다 각각 다르기 때문입니다. 그러나 소극적인 사고를 적극적인 사고로 바꾸는 계기가 되는 말은 있습니다. 바로 "즐기려면?"입니다.

'즐긴다'는 21세기를 대표하는 표현 가운데 하나입니다. '즐기며 공부하자' '즐길 수 있는 일을 직업으로 삼자'와 같은 말로 표현됩니다. 지금 세대에게 매우 중요한 가치입니다.

20세기형 가치관으로 교육받은 사람들은 '의지, 근성, 노력'을 미덕으로 삼기에 '즐긴다'라는 표현에 거부감을 느끼기도 합니다. '즐거운 상태'라 하면 대충하는 것, 장난치는 것, 진지하지 않은 거라 생각합니다. 하지만 '즐긴다'라는 건 정확히는 '흥미를 느끼며 집중하는 상태'에 가깝습니다.

단순하고 지루하고, 별로 중요하지 않은 일도 '즐기게' 되면 그 일의 의미 자체가 바뀌는 일도 벌어집니다. 회사에 온 손님에게 차 내오는 일을 담당하는 직원이 있습니다. 사람들이 시시하고 단순하다고 생각하는 일입니다. 단지 이 일을 하러 출근한다는 것에 스스로 한심하게 여길 수도 있습니다. 그런데 '이왕 하는 일을 즐기려면 어떻게 해야 하지?'라고 생각하면 어떨까요. 차를 더 맛있게 우려내는 법을 배우고, 좋은 차를 고르기 위해 여기저기를 찾아보고, 독특한 찻잔을 찾아내어 눈길을 끌고, 손님이 오면 미리 어떤 취향인지 적극적으로 물어보고 그에 맞는 차를 내오게 됩니다. 그러면 그 일의 의미 자체가 바뀝니다. 이렇게 일하는 직원이라면 해당 부서만이 아니라 다른 부서에서도 높이 평가하고, 서로 데려가려고 하는 일이 벌어질 겁니다.

이와 유사한 에피소드는 어느 곳에서나 쉽게 찾아볼 수 있습니다. 아이들도 마찬가지입니다. 학교에서, 학원에서, 부모가 시키지 않았는데 과학 교양 도서를 읽는다거나, 영어로 된 소설책을 읽는 아이들이 있습니다. 왜 그럴까요? 본인이 좋아하고 재미있어하기 때문입니다.

정말 공부를 잘하는 아이는 '머릿속으로 즐기고' 있습니다. 옆에서는 내면까지 자세히 들여다볼 수 없으니 그저 평범하게 공부하는 듯 보이지만, 그런 아이들은 머릿속에서 '놀고' 있는 것입니다. 공부를 할 때 퀴즈처럼 풀어보고 언어유희로 유머도 부려봅니다.

내성적이어도 느려도 적극적 사고가 가능하다

보통 아이들은 공부할 거리가 눈앞에 있으면 '해야 할 것' '재미 없는 것'으로 인식합니다. 이런 식이면 똑같이 공부해도 재미를 느끼는 아이와 그렇지 못한 아이 사이의 차이가 점점 커집니다. 이와 같은 학습 차이가 발생하는 경계선에는 '즐긴다'라는 키워 드가 있습니다.

아이 스스로 적극적 사고를 가질 수 있고 학습하는 걸 즐길 수도 있겠지만, 아이가 생각하는 것을 즐기게 하는 데는 부모의 역할이 중요합니다. 적극적 사고가 외향적인 성향과 관련이 있는 건 아니지만, 그래도 내향적으로 타고난 아이의 경우에는 자 발적인 힘만으로 적극적 사고를 하기가 어렵습니다. 이럴 때는 부모를 비롯하여 타인의 지지와 응원이 적극적 사고를 키우는 데 엄청난 역할을 합니다.

느리게 생각하는 아이들도 있습니다. 느리다는 게 생각을 제대로 못 하는 건 아닙니다. 그런 아이들에게 생각하고, 고민하 는 일이 힘든 과제가 아니라는 사실을 의식적으로 알려주는 게 필요합니다. 자전거를 빨리 잘 탈 수도 있지만, 자전거를 늦게 배 우더라도 타는 것 자체를 좋아할 수 있습니다. 수학도 비슷합니다. 수학을 아주 잘하지는 못해도, 수학 문제를 푸는 과정을 즐거워할 수 있습니다. 수학 문제가 어려워질수록 '내가 뭔가를 풀고 있다'는 느낌 자체를 좋아하는 아이들이 학습에서 좋은 성과를 냅니다.

제가 아는 한 선생님은 줄이 미리 그어져 있는 연습장을 쓰지 못하게 합니다. 수학 문제를 풀 때 연습장에 자유롭게 마구 쓰도록 합니다. 암산으로 할 수 있는 계산도 꼭 손으로 쓰게 합니다. 그렇게 해서 학생의 수학 연습장이 문제를 푼 흔적으로 가득 차면 이렇게 칭찬합니다.

"와, 수학 문제 푸는 걸 이렇게 좋아하는 줄은 몰랐는데?"

그리고 다 쓴 수학 연습장을 가져오면 선물과 바꿔줍니다. 문제를 과연 제대로 풀었는지, 시험 성적이 올랐는지에 대한 잔소리는 거의 하지 않습니다. 그러나 이 선생님에게서 배우는 학생들은 모두 다 수학 성적이 급격하게 올랐습니다. 수학 공부하는 즐거움을 깨달았기 때문입니다. 이와 유사한 자극을 주는 말이 "즐기려면?"이라는 말입니다.

"즐기려면?"과 같은 말을 활용해 어떻게 적극적 사고력을 키울 수 있을지 다양한 경우를 통해 살펴봅시다. 여기서는 부모-자녀의 경우와 교사-학생의 경우를 나누어 살펴보겠습니다.

부모가 아이의 변화를 끌어내는 데는 직접 질문하는 방식도 물론 좋지만, 부모부터 즐기는 모습을 보여줄 때 가장 효과가 좋습니다. 집안일처럼 다소 번거롭게 여길 만한 작업을 부모가 즐겁게 하면 아이 또한 자신이 해야 할 일에 긍정적으로 임하는 경향이 있습니다. 아이들은 부모의 말에는 귀 기울이지 않더라도, 부모의 행동은 곧잘 따라 하며, 부모의 감정을 그대로 받아들입니다.

예를 들어 "즐기려면 어떻게 해야 할까?"라는 말도 아이에게 직접 묻는 것보다 "와, 이거 재밌겠다!"라고 말할 때 더욱 효과가 나타납니다.

아이가 별로 관심을 두지 않는 책이 하나 있다고 가정해볼까요. 이 책을 보고 부모가 "이게 뭐지? 재밌겠는데!" 하고 혼잣말을 합니다. 그러면 아이는 그 책이 정말 재미있나 궁금해하며 흥미를 보입니다. 아이가 어려워하는 문제를 보며 "이런 걸 공부하는구나. 대단하네" "아, 그래? 그래서 이렇게 되는 거야?" 하고 흥미를 보이는 겁니다. "즐기려면?"이라는 게 무엇인지를 직접 보여주는 셈이지요.

선생님이 학생에게 활용할 때도 부모가 가정에서 활용할 때와 똑같은 원리가 적용됩니다. 교사 자신이 즐거워하면 아이들도 즐겁다고 '착각'하게 되는 것이지요. 교사가 차분히 수업을 진행하면 자리에 앉은 학생들이 진지하게 수업을 듣습니다. 그러나 이때 학생들은 사실 생각이 거의 멈춰 있는 '사고 정지 상태'입니다. 대체 어떻게 해야 '학생들이 즐거워하는 수업'을 할까 생각하다 보면, 재밌는 일이 일어납니다. 예를 들어 과학 교과서에 실린 '물은 섭씨 100도에서 끓어 액체에서 기체가 된다'라는 설명을 살펴볼까요. 보통은 100도라는 걸 말로 강조하는 방식에서 멈춥니다. 그런데 이 지식을 '재미있게' 전달하려면 어떻게 할 수 있을까요? 학생들을 불러놓고 유리그릇에 물을 넣고 끓이면서 이렇게 말하는 겁니다.

"자, 여러분. 이제부터 굉장한 일이 벌어질 겁니다. 여기 있는 물이 사라지는, 액체가 기체로 변하는 순간을 목격하게 될 거예요."

유리그릇에 열을 가해 물의 온도를 높이면 유리 바닥에서 공기 방울이 생겨납니다. 이때 "보세요! 액체에서 공기 같은 것이 나오죠?"라고 말합니다. 그리고 공기 방울이 커지며 떠올라 보글보글하는 소리가 나면, 그 순간을 놓치지 않고 "액체가 기체가 됐어요!"라고 말해줍니다. 이른바 재미를 '연출'하는 겁니다.

신기하게도 이렇게 별일 아닌 것에도 학생들은 반응합니다. 대단한 일도 아닙니다. 다만 즐겁게 보이게 했을 뿐입니다. 이보다 더 멋진 연출이 가능한 수업도 많을 겁니다. 중요한 점은 교사 스스로가 어떤 지식을 새로워하고 놀라워한다는 것을 알려주는 겁니다. 학생들이 이런 경험을 한두 번 하고 나면, 그 이후에 교사가 말하는 내용을 더 흥미롭게 받아들이게 됩니다.

자기 자신에게

"즐기려면?"이라는 말을 자기 자신에게 건네면 적극적 사고력이 커지는 뚜렷한 효과가 느껴집니다.

"어떻게 해야 매일 하는 독서가 즐거워질까?"
"기분 좋은 아침을 맞으려면 어떻게 해야 할까?"
"날마다 반복되는 생활을 어떻게 해야 즐길 수 있을까?"

이런 질문은 어린아이일 때보다 나이가 들수록 더 절실해집니다. 초등학교 때는 학교 가는 게 즐겁습니다. 친구들과 어떤 이야기를 나눌지 기대가 됩니다. 그러나 중학생이 되고 고등학생이 되면 이미 어떤 일이 벌어질지 뻔하게 예상이 됩니다. 익숙해졌기 때문입니다.

그렇게 되면 새로운 지적 자극을 받는 데 무뎌진다는 단점이 생깁니다. 그런 단점에서 벗어나게 하는 게 바로 '적극적 사고'입니다. 매일 하는 일, 어쩔 수 없이 해야만 하는 일이어도 그 속에서 적극적으로 어떤 즐거움을 찾을지 스스로 생각해보는 겁니다. 즐거움을 느끼면 익숙한 것도 새롭게 보입니다. 이것이 바로 두뇌 OS를 높이는 데 적극적 사고력이 도움이 되는 이유입니다. 부모들이 이런 질문을 합니다.

"이미 아이가 지루해하는 일, 하기 싫어하는 일인데 '즐기려면?'이라고 말한다고 효과가 날까요?"

앞에서도 말했듯이 질문은 그 자체로 효과가 있습니다. "즐기려면?"이라는 질문을 받는 순간, 즐기는 방법을 떠올리는 쪽으로 사고가 이동합니다. 자신도 모르게 즐길 만한 방법을 '생각하는' 상태가 되는 것이지요.

결과적으로 방법을 찾으면 좋겠지요. 하지만 혹시 찾지 못

하더라도 잠시나마 사고가 전환되고 '적극적으로 생각하기'
라는 과정이 이루어지는 데 의미가 있습니다.

— 두뇌 OS를 높이는 부모 언어 6 —

"즐기려면?"

의욕과 흥미를 느끼는 적극적 사고력을 키운다.

7. '목적의식력'을 키우는 언어 – 무엇을 위해서?

적극적 사고력과 유사한 기능을 하는 사고력이 바로 '목적의식
력'입니다. 인간의 뇌는 목적의식 기능을 내재하고 있어서 목적
을 분명히 인지하는 순간, 두뇌가 활발히 움직이면서 목적에 도
달하기 위한 방법을 찾습니다. 아주 간단한 예를 들어봅시다. 여
행 가는 사람들에게 질문해봅니다.

"무엇을 위해 여행을 가나요?"
"여행의 목적은 무엇인가요?"

세계문화유산을 보려고, 감동적인 체험을 해보려고, 난생처음 패러세일링에 도전하려고, 현지인과 교류하며 문화 차이를 느끼려고 등, 그 목적은 저마다 다양할 겁니다. 이미 갖고 있던 목적이어도 "무엇을 위해서?"라는 질문을 들으면 자신의 목적을 다시 한 번 점검하게 됩니다. 세계문화유산을 보려는 목적을 갖고 있었다면, 이 질문을 통해 여행 전에 세계문화유산에 대한 정보를 더 찾아봐야겠다는 생각이 일어납니다.

이렇게 처음부터 뚜렷한 목적으로 여행을 기획하는 사람이 있는가 하면, 여행사의 단체여행 코스에만 참가하는 사람도 있습니다. 여행사의 단체여행에도 분명한 목적이 있겠지만, 아무래도 정해진 코스를 따를 수밖에 없으므로 참가자들은 일정을 마지막까지 제대로 소화하는 데만 집중하게 됩니다. '마지막 일정까지 잘 마치기' 자체는 여행의 목적이라고 보기 어렵기 때문에 두뇌가 활성화되지 않습니다. 목적의식이 없으니 이렇게 여행하면 습득하는 정보량도 얼마 되지 않습니다.

'목적의식'을 가지면 주체적인 사람이 됩니다. 목적을 달성하고자 두뇌가 활발히 움직이며 관찰력 또한 높아져서 흡수하는 정보량이 압도적으로 증가합니다.

생각이 멈춘 상태, 스위치를 켜는 말

그런데 일상에서 같은 행동이 반복되고 정형화되면 목적의식이란 개념 자체가 희미해집니다. 학교생활만 봐도 그렇습니다. 신학기에는 '이번 학년에서는 좀 더 공부를 잘해야지'라는 마음을 먹지만, 한 달 두 달 지날수록 그 목적은 희미해집니다.

평소 목적을 의식하며 행동하는 사람이 얼마나 있을까요? 아마 많지 않을 것입니다. 매 순간 행동의 목적을 의식하면 뇌가 쉽게 피곤해지기 때문입니다. 그러나 목적의식 없이 행동하는 게 습관이 되면, 목적의식이 꼭 필요한 순간에도 사고가 잘 움직이지 않습니다.

목적을 의식하지 않음으로써 발생하는 여러 문제가 있습니다. 가장 문제가 되는 상황은 '생각의 정지'입니다. 이럴 때 사용하는 질문이 바로 "무엇을 위해서?"입니다. 이 질문은 두 가지 기능이 있습니다.

첫째, 생각이 정지되어 있다는 상황을 드러냅니다. 사람은 당연히 자기가 계속 뭔가를 하고 있다고 생각합니다. 그런데 과연 내가 과연 생각을 하는 건지, 과연 행동을 하는 건지, 멈춰 있는 건 아닌지, 이런 상황을 점검하게 하는 자극을 겁니다.

둘째, '더 나은 사고'를 하도록 만듭니다. "무엇을 위해서?"라는 질문 자체를 잘 들여다보면 '지금 갖고 있는 목적이 과연 제대로 된 목적이야?'라는 의문을 가지고 있습니다. 즉, '내가 하는 생각의 방향이 맞나?'라는 의심을 떠올리게 합니다. 현재의 상태를 의심해봄으로써 사고를 더 깊게 하게 됩니다. 두뇌 OS가 업그레이드되는 자극을 받게 되는 겁니다. 어른들에게도 이 질문은 효과적입니다.

"무엇을 위해 이 일을 하나요?"
"이 회사의 존재 목적은 무엇일까요?"
"무엇 때문에 이 일을 당신이 맡게 되었다고 생각하나요?

직장에서 이런 질문을 받아본 적이 있을 겁니다. 매일같이 출근하는 회사이고, 수년을 해온 일인데도 이 질문에 대한 답을 하는 게 쉽지 않습니다. 어쩌면 질문을 건네는 사람도 시원스레 답하기 어려울지 모릅니다.

이런 질문을 받으면 어떤 기분이 드나요?

'내가 이 일을 제대로 이해하고 있는 게 맞나?'

'내가 일하는 방식이 회사가 원하는 방식과 같은가?'

'내가 하는 일이 헛수고는 아닌가?'

이렇게 자신을 의심하면서 '목적'에 대해서 생각하게 됩니다. 그리고 이런 결론에 다다를 수 있습니다. '이 일의 진짜 목적이 아닌 것에는 신경을 쓰지 말자. 이 일의 목적을 위해서 지금과 다른 방식으로 일하자.'

이처럼 "무엇을 위해서?"라는 질문은 남의 지적을 받아서가 아니라 나 스스로 무언가를 향상하기 위해서 움직이게 만든다는 점에서 좋은 효과가 있습니다. 그러면 이 질문을 아이에게는 어떻게 활용하면 좋을까요?

부모가 자녀에게

"이 공부는 무엇을 배우기 위해 하는 걸까?"

"책상 정리는 무엇을 위해서 하는 일일까?"

"이 반복 학습은 무엇을 위한 것일까?"

"네가 싫어하는 약을 무엇 때문에 먹으라고 할까?"

"무엇을 위해서?"라는 질문을 응용하면 이런 말이 나올 겁니다. 아이에게 이 질문을 활용할 때는 세 가지에 주의해야 합니다.

첫째, 아이가 너무 어리면 '목적'이라는 개념 자체가 없기에 질문을 던져도 말의 의미를 모릅니다. 훈육법 전문가들도 비슷한 말을 합니다. 너무 어린아이에게는 "왜 그렇게 했어?"처럼 잘못된 행동의 이유를 묻는 질문을 하지 말라고 조언하지요. 아이들이 하는 생각, 말, 행동 중에는 딱히 이유가 없는 것도 많습니다. 그런데 아이의 행동에 의도를 물으면 아이는 당황할 뿐이라는 것입니다.

이와 비슷합니다. 앞에서 이 장에서 소개하는 다섯 가지 질문은 고학년이 될수록 효과가 있다고 했습니다. 그러니 아이가 '목적'이라는 개념이 아직 없는 상태라고 판단된다면, 이런 질문이 이릅니다. 목적이 무엇인지 의미를 확실히 알 만한 나이가 되었을 때 이 질문을 활용해봅시다.

둘째, 이 질문을 '추궁하는 용도'로 사용하면 안 됩니다. 이 질문은 아이가 하는 생각과 행동의 목적의식력을 높이려는 것이지, 하고 싶지 않은 일을 하도록 만드는 게 아닙니다. '무엇을'에 해당하는 답을 찾으려는 과정에서 아이의 자발성을 높이도록 하는 게 이 질문의 '목적'이라는 것을 염두에 두어야 합니다.

셋째, 정작 부모 자신이 '목적'을 모를 때가 있습니다. 아이가 "무엇을 위해 공부해야 하나요?"라고 물으면 어떻게 대답하시겠습니까? "수학 문제는 왜 풀어야 해요?" "과학은 무엇을 위해 배우나요?"와 같은 질문에 대답하기가 쉽지 않습니다. 그럴 때는 어떻게 해야 할까요. 앞에서 말한 두 번째 주의사항에 힌트가 있습니다. 그럴 때는 이렇게 대답해보세요. "엄마도 예전에 무엇을 위해 공부해야 하는지 잘 몰랐어. 그래도 아주 오래전부터 지금까지 온 세상 사람들이 공부하는 데에는 어떤 의미가 있지 않을까? 만약 의미 없는 일이라면 '공부'라는 것은 이미 진작에 사라져버렸겠지. 공부의 목적이 분명히 있을 거야."

즉, 내가 해야 하는 일에 어떤 목적이 존재한다는 것을 알려주는 것만으로 충분합니다. '어떤 일이든 의미가 있다'는 것을 느끼게 하는 게 핵심입니다.

부모도 알지 못하지만 목적은 분명히 존재하고, 우리가 하는 모든 일에는 나름의 의미가 있다는 메시지만 전달해도 아이는 주체적으로 생각하게 됩니다. 물론 부모가 자신이 생각하는 목적을 잘 전달하면 더 좋은 효과가 있을 겁니다.

그런 이야기를 나눈 다음에는 앞에서 살펴본 다른 질문들을 던져봅시다. 다음과 같은 응용도 가능합니다.

"그런 목적이 있구나. 그걸 즐기려면 어떻게 해야 할까?"

교사가 학생에게

아이에게 가장 질문을 많이 하는 사람은 부모보다는 선생님입니다. 그리고 아이들도 부모보다 선생님이 질문할 때 더 적극적으로 생각하는 경향이 있습니다. 다음과 같은 질문으로 학생들의 목적의식력을 키워보세요.

"이번 축제 행사는 무엇을 위한 것일까요?"
"무엇을 위해 수업 전 아침 독서시간이 있을까요?"
"수학여행은 무엇을 위해 가는 걸까요?"
"시험 성적을 매기는 목적이 무엇인지 알고 있나요?"

과거에도 그렇고 지금도 학교 현장에서 학생들에게 목적을 알려주고 활동을 진행하는 경우는 거의 없습니다. 그러나 아이들은 목적을 알지 못한 채 그저 따르는 것을 본능적으로 꺼립니다. 특히 요즘처럼 아이들 스스로 정보를 검색하고 찾아내는 게 쉬운 시대가 될수록 아이들은 '목적을 가지고' 움직이려는 욕구를 더 강하게 가지게 됩니다.

과거에는 '학교에서 시키니까' '선생님이 하라고 해서'라는 이유로 '목적'에 대해 별로 생각하지 않았습니다. 그건 학교와 선생님이 지식 전달자로서의 권위가 굉장히 높았기 때문입니다. 그러나 이제 그와 같은 권위는 점점 줄어들고 있습니다.

선생님만이 아니라 부모의 경우에는 이런 경향이 더 강할 겁니다. 엄마보다 내가 더 잘 아는 일이 많다는 생각을 어릴 때부터 빨리하게 됩니다. 부모든 선생님이든 아이의 입장에서는 더 많은 것을 아는 사람일 뿐만 아니라, 더 옳은 방향을 아는 사람으로 느껴져야 합니다. '목적의식력'을 키우는 사람으로 존재해야 한다는 겁니다.

그러니 아이들이 이해할 만한 어휘로 알아듣기 쉽게 "무엇을 위해서?"라는 대화를 나눠봅시다. 처음부터 답을 말해주는 것이 아니라 질문을 던져 생각할 기회를 준 후에 교사가 답을 알려주면, 아이들의 거부감도 덜하고 두뇌 OS 업그레이드에도 도움이 됩니다. 그리고 학생들에게 질문의 답 또한 정확하게 가르쳐주세요. 학교 활동에는 모두 목적이 있고 선생님은 그 목적을 가장 잘 인지하고 있는 존재이기 때문입니다.

자기 자신에게

'목적의식'을 묻는 질문은 자기 자신에게 가장 효과가 좋습니다.

"이 일은 무엇을 위해 시작한 걸까?"
"굳이 이 학원에 다니는 목적이 뭘까?"
"A를 선택한 목적이 뭐였을까?"

자신에게 "무엇을 위해서?"라고 질문하게 되면 "왜?"라는 질문이 자동적으로 떠오릅니다. 앞에서 "왜?"는 원인분석력을 높이는 질문이라고 했습니다. 이 "왜?"라는 질문과 "무엇을 위해서?"는 비슷하면서도 차이가 있습니다.
"무엇을 위해서?"는 자신이 '이미' 하고 있는 일을 더 잘하기 위한 질문입니다. 그래서 이 질문은 '현재형'으로 물을 때 더 효과가 좋습니다. "왜 피아노를 배우지?"와 "무엇을 위해서 피아노를 배우고 있지?"의 미세한 차이가 느껴지나요?

때문에 "무엇을 위해?"라는 질문을 잘 활용하면 자신이 하고 있는 일을 한결 쉽게 받아들이고 행동으로 옮기기도 쉬워지는 효과가 있습니다. 의욕이 없던 사람이 목적을 의식함으로써 적극적으로 행동하게 되는 겁니다.

두뇌 OS를 높이는 부모 언어 7

"무엇을 위해서?"

목적의식력을 높여서 주체적인 사고를 한다.

8. '원점회귀력'을 키우는 언어 – 원래 어떤 거지?

"무엇을 위해서?"라는 질문이 목적의식력을 키운다고 했는데, 제대로 된 목적을 알지 못하는 경우도 있습니다. 아이들이 자기 나름으로 '원인'도 이야기하고 '목적'도 무엇인지 이야기를 하는데, 그 내용이 비논리적인 경우를 접해봤을 겁니다. 도리어 엉뚱한 결론에 이르는 경우도 있습니다.

저학년일 때보다 고학년일 때 이런 문제가 발생할 확률이 높습니다. 오히려 저학년 때는 뇌가 새로운 지식을 받아들이는데 바쁘기 때문에 '모를 수는' 있어도 '잘못 생각할' 확률은 낮은 편입니다.

그러나 자기 안에 지식이 많아지면서 생각의 논리가 엉키기도 합니다. 간혹 대학생이 사회의 일반적인 문제에 대해 상식적으로도 생각하지 못한다든가, 직장인들이 고민할 필요가 없는 업무에 너무 많은 에너지를 쏟는 경우를 봅니다. 생각의 곁가지에 불과한 것들이 생각의 중심을 차지해버리는 경우입니다. 자기만의 생각에 갇히는 것이지요. 그럴 때 쓰는 말이 "원래 어떤 거지?"입니다.

쉬운 예를 들어봅시다. 친구 한 명이 자기가 다니는 회사가 너무 힘들다고 하소연을 합니다. 듣다 보면 너무 많은 이야기가 나오는 나머지, 결국 문제가 무엇인지 전혀 판단할 수 없게 됩니다. 그럴 때도 이런 말을 쓸 수 있습니다. "네가 원래 어떤 일을 하고 싶어서 입사한 거야?" 이걸 '원점회귀력'이라고 합니다.

이 질문을 받으면 자연스레 이야기의 원점으로 돌아가 생각하게 됩니다. 생각을 이야기의 원점으로 돌리면 어떤 효과가 나타날까요? 커다란 나무를 떠올려보면 이해하기 쉽습니다.

나무에는 줄기가 있고, 가지가 있고, 잎이 있습니다. 대화나 글의 구조도 이와 비슷합니다. 이야기의 출발점인 '뿌리'가 있고, 이를 설명하는 '가지'가 있고, 구체적 예시인 '잎'이 있습니다. 그림으로 표현하면 이렇게 될 겁니다.

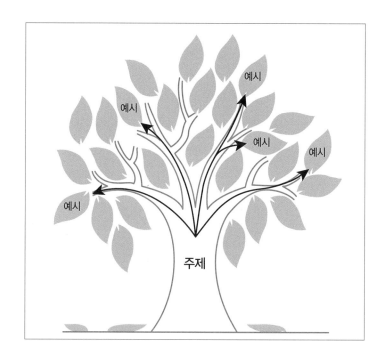

그런데 우리의 생각이 모두 이 나무의 모양을 정확하게 그리고 있는 게 아닙니다. 개별 예시를 너무 많이 생각하면 주제를 파악하기 어렵습니다. 또 어떤 예시들은 주제로부터 너무 많이 벗어나 있습니다. 나무 그림으로 치면 뿌리로부터 가장 멀리 벗어나 있는 나뭇잎에 해당할 겁니다. 아예 주제에서 벗어난 예시를 생각할 때도 있습니다. 이런 경우는 땅에 떨어진 나뭇잎에 해당하겠지요.

이런 상황에서 써야 할 말이 바로 "원래 어떤 거지?"라는 질문입니다. 이 질문을 받으면 사람은 '이 나뭇잎이 원래 어느 가지에 있었더라?'라고 생각하며 이야기의 '뿌리'를 다시 돌아봅니다. 그러면서 전체의 모습을 다시 파악하게 됩니다.

생각이 기발한 것과
생각의 뿌리를 유지하는 것을 동시에

아이디어가 많고 이야기꾼 기질이 강한 아이들 중에는 '원점회귀력'이 필요한 경우가 있습니다. 다양하고 기발한 생각을 하는 걸 좋아하니 주변 사람들도 맞장구를 치며 즐거워합니다. 물론 이야기가 옆길로 새는 것도 재미있는 일입니다. 그러나 결국 그 이야기를 꺼낸 원래 의도를 잊으면 두뇌 OS가 업그레이드되지 않습니다. 생각이 기발한 것과 생각의 뿌리를 유지하는 일이 동시에 이루어지도록 해야 합니다.

이럴 때 "원래 어떤 거지?"라는 질문은 본인 스스로 생각의 중심을 찾게 하는 역할을 합니다. 이 질문은 '처음' '시작' '애초에' 등의 단어를 사용해 다양하게 응용할 수 있습니다.

부모가 자녀에게

"원래 어떤 거지?"라는 질문은 문제가 되는 상황을 역전시킬 때도 도움이 됩니다. 원점회귀력은 '변화'를 가져오는 힘이 있기 때문입니다. 아래의 예를 살펴봅시다.

"원래는 어땠어?"(학교생활에 불평을 쏟아놓을 때)

"맨 처음에 무슨 계기로 싸움이 시작됐어?"(아이가 친구와 싸웠을 때)

"맨 처음 수학을 싫어하게 된 계기가 뭘까?"(수학을 싫어하는 아이에게)

지금과 상황이 달랐다는 것을 깨닫게 되면, 싸움이 처음 시작된 이유를 알게 되면, 수학이 싫어진 계기를 이해하면 어떻게 될까요?

"그러게. 학교생활이 좋았을 때도 있었는데."(다시 좋아질 수도 있겠네.)

"처음에 싸운 이유는 별거 아니었네."(친구랑 화해해야겠다.)

"선생님한테 혼나는 게 싫은 거지, 수학이 싫은 게 아니었구나."(내가 수학을 잘할 수도 있지 않을까?)

아이가 성장할수록 부모에게 불평을 많이 늘어놓습니다. 부모는 아이가 학교에서 무엇을 배웠는지, 어떤 것에 관심을 가지는지를 듣고 싶은데, 아이들은 부모에게 불평만 말하려고 합니다. 그럴 때는 아이의 불평을 그저 잠재우려고만 하지 말고 "원래는 어땠어?"에 해당하는 질문을 사용해봅시다. 아이가 불평의 원인을 정확하게 아는 것, 아이 스스로 원인을 찾아내는 것이 아이의 사고를 성숙하게 만듭니다.

교사가 학생에게

원점회귀력을 키우는 질문은 수업에 응용하면 특히 효과가 좋습니다.

"애초에 '십자군 전쟁'은 왜 일어났을까요?"

"주인공은 애초에 왜 그런 행동을 하려고 했을까요?"

"애초에 무엇을 묻는 문제일까요?"(수학 시간에)

좋은 선생님은 이 질문을 자주 사용합니다. 꼭 선생님이 아니어도 부모도 학습 내용과 관련해서 이런 질문을 자주 해주면 좋습니다. 원점회귀력이 좋아지면 질문의 의도를 파악하는 능력도 높아집니다.

한 가지 주의할 점은, 이 질문은 앞서 배운 내용을 정리하거나 복습할 때 사용해야 한다는 것입니다. 혹은 응용문제를 다룰 때 사용해도 좋습니다. 그런데 아직 입력된 지식이 너무 적은 상태, 즉 아이가 예습할 때나 처음으로 관련 내용을 듣고 있는 도중에 이 질문을 사용하면 도리어 혼란에 빠트릴 수도 있으니 주의해야 합니다.

자기 자신에게

자기관리를 잘하는 아이가 결국 공부도 잘하고, 일의 성과도 높습니다. 원점회귀력은 자기관리력을 키우는 데 도움이 되는 사고입니다.

"애초에 내가 뭐 때문에 초조해하고 있었지?"

"애초에 내가 이 직업을 선택하려고 한 이유가 뭐였지?"

'원래' '애초'와 같은 표현은 원점회귀력을 활성화하면서 동시에 '자기 생각의 중심축'을 만드는 효과가 있습니다. 내 생각에 중심축이 생기면 불필요한 정보, 불필요한 감정에 휘둘리지 않게 됩니다. 그래서 '애초에'라는 말은 아이의 심리 코칭을 할 때도 자주 쓰이는 표현입니다. 앞에서 살펴본 "무엇을 위해서?"라는 질문과 함께 적절하게 사용하면 심리적 안정감을 찾는 데도 큰 도움이 됩니다.

─ 두뇌 OS를 높이는 부모 언어 8 ─

"원래 어떤 거지?"

원점회귀력을 높여서 전체를 파악한다.

9. '가설구축력'을 키우는 언어 - 만약 ~라면?

5장과 6장에서 살펴본 다섯 가지의 질문은 '생각하는 상태', 즉 '의문을 갖는다'와 '정리하게 한다'에 집중하는 질문이었습니다. 그리고 지금 7장에서 살펴보고 있는 다섯 가지 질문 중 이미 설명한 "즐기려면?" "무엇을 위해서?" "원래 어떤 거지?"는 아이가 능동적이고 자기주도적으로 생각하는 데 도움이 되는 질문입니다.

이제 남은 두 가지는 창의적인 사고를 만드는 데 도움이 되는 질문입니다. 하나는 "만약 ~라면?"이고, 또 다른 하나는 "정말 그럴까?"입니다. 이 중 "만약 ~라면?"이라는 질문이 어떻게 창의적 사고를 높이는지 알아보겠습니다.

앞에서 '직관적 사고'에 대해 잠깐 언급한 적이 있습니다. 그때 직관은 '가설을 세우는 능력에 가깝다'는 말을 했습니다. 아직 증명되지도 않았고, 근거도 없지만 '이럴 수 있지 않을까?' '이렇게 해보면 어떨까?' 하는 생각이 불현듯 나타나는 겁니다.

창의력과 호기심은 이 가설을 구축하는 사고력이 높을 때 나타납니다. "만약 ~라면?"이라는 질문은 다음과 같이 좀 더 구체적으로 사용하면 더욱 좋은 효과를 볼 수 있습니다.

"만약 ~라면 어떻게 할까?"

"만약 ~하면 어떻게 될까?"

문제점을 미리 찾아내어 대비하게 만드는 '가설구축력'

"만약 ~라면?"이라는 질문은 위험 요소를 찾아내는 데도 도움이
됩니다. 기업에서는 이와 같은 질문을 자주 던집니다.

> "만약 대규모 자연재해가 발생한다면 우리 회사는 어떻게
> 대응해야 할까요?"
> "만약 이 안건이 채택되지 않으면 어떤 대책을 세워야 할까
> 요?"
> "만약 자율주행 자동차가 내년부터 실용화된다면 어떤 대응
> 이 필요할까요?"

아직 일어나지는 않았지만 앞으로 일어날 상황을 가정해봄
으로써 위험을 먼저 파악하고 대비책을 세웁니다. 부모와 아이가

기업을 운영하는 건 아니지만, 이와 같은 질문을 자주 주고받으면 상상력은 물론 동시에 신중함도 키울 수 있습니다. 그러면 실제로 어떻게 이 질문을 쓰게 되는지 살펴보겠습니다.

부모가 자녀에게

아이가 어릴 때는 놀이처럼 이 질문을 사용하면 좋습니다. 아이의 창의력과 호기심을 끌어내는 데 목적을 두고 사용하는 겁니다.

"만약 1년 동안 전기를 쓸 수 없다면 어떻게 생활할 거야?"
"만약 네가 부모라면 이럴 때 어떻게 하겠어?"
"만약 소와 개구리가 콩쥐를 도와주지 않았다면 어떻게 됐을까?"
"만약 흥부가 제비 다리를 고쳐주지 않았다면 어떻게 됐을까?"
"만약 거북이가 토끼의 간이 필요하다고 처음부터 사실대로 말했다면 어떻게 됐을까?"

어릴 때 이런 대화를 하는 습관이 들면, 나중에 고학년이 되어 심각한 문제에 대해 "만약 ~라면 어떻게 할까?"라고 물어도 아이가 부담 없이 그 질문을 받아들이게 될 것입니다.

아이가 성장하면 부모가 말하는 '만약'이라는 말이 긍정적인 경우보다 부정적 경우에 더 많이 쓰입니다. 다음과 같은 경우와 같지요. "만약 이번 시험 문제가 어렵게 나온다면 어떻게 할 거야?"

이건 사실 질문이라고 볼 수 없습니다. 이미 답이 정해진 질문은 질문이 아니기 때문입니다. 때문에 '만약'이라는 질문은 긍정적인 상황과 부정적인 상황에서 고루 사용해야 합니다. 그래야 아이가 부담을 느끼지 않고 자유롭게 스스로 생각하게 됩니다.

저는 아이가 꽤 큰 다음에도 어릴 때처럼 상상력을 자극하는 재미로 이 질문을 사용하기를 권합니다. 인간은 아이처럼 생각할 때 가장 능동적으로 바뀝니다. 아무리 나이가 들어도 "만약 내가 저 영화 속의 주인공이라면 어떻게 했을까?"와 같은 질문을 누군가에게서 들으면 상상력이 자극됩니다. 신이 나고 나만의 생각을 발전시키게 됩니다. '만약'에 대한 답을 찾는 일은 언제나 재미있는 일입니다.

아이가 학년이 올라간다고 해도 어른이 되어 직업을 가진다고 해도, 자신이 처한 모든 문제에서 재미를 느끼고 새롭게 상상해보는 능력이 중요합니다. 그런 능력을 꾸준히 키울 수 있는 질문이라는 점을 기억해두세요.

교사가 학생에게

선생님이라면 학생에게 이 질문을 어떻게 사용할 수 있을까요? 수업 시간에 정말 무궁무진하게 사용할 수 있을 겁니다.

"만약 이 세상에서 수학이 사라지면 어떻게 될까요?"
"만약 영어를 자유자재로 구사하게 된다면 무얼 하고 싶나요?"
"만약 30년 후에 여러분의 아이가 이 학교에 다니게 된다면, 학교는 어떤 모습일까요?"

이런 질문에 학생들은 마구 이야기할 것입니다. 다만 교과 과정의 지식을 전달할 때 이 질문을 사용할 경우, 주의할 점이 있습니다. 다음의 예를 들어보겠습니다.

"만약 콜럼버스가 아메리카 대륙에 도착하지 않았다면 어떻게 됐을까요?"

"만약 프랑스에서 시민혁명이 일어나지 않았다면 어떻게 됐을까요?"

"만약 영국에서 산업혁명이 일어나지 않았다면 어떻게 됐을까요?"

'역사에 만약은 없다'라고 흔히 말하지만, 역사 시간에 학생들에게 이렇게 질문하면 정말 재미있는 이야기가 많이 나올 겁니다. 그러나 학생들이 내세운 가설에 교사의 적절한 피드백이 없다면, 그건 그냥 공상에 그치겠지요.

그러니 수업 시간에 이런 질문에 대한 다양한 답변을 듣는다면, 그 가설에 대해 짧게라도 반드시 피드백을 해주는 게 좋습니다. 그럴 때 학생은 자신의 생각이 의미 있다고 받아들이고, 그 생각을 더 정교하게 만들어보려고 하는 의욕을 갖게 될 것입니다.

자기 자신에게

"만약 ~라면?"이라는 말을 자기 자신에게 활용하면 두뇌 OS를 올리는 것 이상의 의미가 있습니다.

예를 들어 "만약 월급이 두 배가 된다면, 나는 어떤 일을 하고 있을까?"라는 질문을 생각해봅시다. 정말 월급을 두 배나 받고 있다면 하는 일도, 업무 방식도 지금과는 다르겠지요. 그러면 지금 하는 일을 어떻게 바꿀 수 있을지 힌트를 얻을 수 있습니다.

스스로 "만약 ~라면?"이라고 물으면서 '시뮬레이션 능력'을 키울 수 있습니다. 막연한 공상이 아니라 내가 '원하는 상황'을 최대한 현실감 있게 경험해보는 겁니다. 이런 시뮬레이션 능력은 잠재의식을 자극하여 자신이 가진 역량을 최대한으로 발휘하게 합니다.

스티브 잡스가 매일 자신에게 건넸던 질문이 하나 있다고 합니다.

"만약 오늘이 내 생애 마지막 날이라면 어떻게 살 것인가?"

자기 생의 마지막 날이라면, 간단한 아이디어 회의를 해도 더 참신하고 과감한 생각을 제시하려고 노력했을 것입니다. 이런 과정을 통해 자신의 잠재 역량을 계속해서 끌어올리는 겁니다.

"만약 ~라면?"

가설구축력을 높여서 창의력과 호기심을 끌어낸다.

10. '문제의식력'을 키우는 언어 - 정말 그럴까?

마지막으로 살펴볼 질문은 "정말 그럴까?"입니다. 지금까지 두뇌 OS를 키우는 부모 언어를 설명하면서 항상 긍정적인 마인드로 접근할 것을 강조했습니다. 이번에도 마찬가지입니다.

"정말 그럴까?"라는 말은 문제의식력을 키우는 질문입니다. 문제의식은 '문제점을 인식하고 발견하는 사고 능력'을 말합니다. 문제의식력이라는 건 쉽게 말해 '의심'이라고 할 수 있습니다. '뭔가가 이상하네?' 이렇게 알아차리는 겁니다. '의심'이라는 표현은 긍정적인 의미보다 주로 부정적인 의미로 사용됩니다. "남을 의심하면 안 됩니다!"라는 말처럼요.

그러나 '의심'을 통해 문제를 의식하려고 할 때 사람은 새로운 방식으로 생각하게 됩니다. 자기 머리로 생각하게 되고, 맨눈으로 상황을 파악하게 됩니다. 인류사에서 중요한 발명과 발견의 시작을 살펴보면 많은 것이 바로 '문제의식'에서 비롯되었습니다.

의심의 대상은 어디부터 어디까지일까요? 누구나 받아들이고 있는 '상식'도 의심의 대상이 됩니다. 수많은 사람들이 믿고 있으니까 당연하게 여기는 것 중에 나중에 거짓으로 밝혀지는 일이 많습니다.

과거에는 문제의식을 느끼게 하기보다 '시키는 대로 하면 된다. 의문은 없어도 된다'라는 식의 교육을 주로 했습니다. 지금은 교육 방식이 많이 변했지만, 아직 부족합니다. 게다가 앞으로는 당연한 것이 점차 당연해지지 않는 시대가 옵니다. 기술이 더없이 빠르게 발전합니다. 그러므로 당연하게 생각하던 것을 의심할 줄 아는 사고력이 더욱 필요해질 것입니다.

한편으로는 정보의 전파 속도가 너무 빠릅니다. 제대로 검증되지 않은 정보가 마치 진실인 것처럼 퍼져나갑니다. 이럴 시대일수록 문제의식력을 키우는 게 중요합니다. 문제의식력을 기르면 거짓에 잘 속지 않게 되고, 속임수에 당하지 않습니다. 여러모로 살아가는 데 도움이 되는 사고력입니다.

그러나 문제의식력을 키우는 가장 중요한 이유는 바로 '새로운 방법'을 찾아내는 데 있습니다. 알려주는 대로, 보이는 대로 받아들이는 게 아니라 '다른 건 없을까?'라는 생각으로 이어져야 합니다.

"정말 이것 말고 다른 방법은 없을까?"
"정말 그렇게 생각해야 하는 걸까?"

위와 같은 질문은 결국 '대안'을 찾게 합니다. 이런 이유로 "정말 그럴까?"라는 질문은 창의적 사고를 키우는 기능을 합니다.
"정말 그럴까?"라는 질문의 효과를 높이려면, 문제가 되는 상황을 구체적이고 정확하게 설정하는 게 좋습니다. 무턱대고 "정말 그럴까?"라고 질문하면 문제를 발견해야 할 범위가 너무 넓어서 대안을 찾기 어렵습니다.

"자전거 타기가 잘 늘지 않는데, 지금 페달을 돌리는 이 방법이 정말 맞는 걸까?"
"이 수학 문제를 꼭 이 방법으로만 풀어야 하는 걸까? 더 빠르게 풀 수 있는 다른 방법은 없는 걸까?"

이런 식으로 상황을 구체적으로 파악한 다음에 "정말 그럴까?"라는 질문을 사용하면 문제의식력을 키우는 데 더 큰 효과를 볼 수 있습니다.

아이를 지지해주는 부모일 때, 의심도 통한다

다만 아이에게 이 질문을 사용할 때는 나이를 고려해야 합니다. 저는 최소한 아이가 10살이 되기 전에는 "정말 그럴까?"라는 질문을 사용하지 않는 편이 좋다고 생각합니다. 원인과 결과의 개념을 이해하고, 기본적인 지식의 체계가 잡히기 전에 '의심하기' 질문을 사용하면 효과도 없을 뿐만 아니라 '생각이 자리 잡히는' 즐거움을 도리어 방해할 수 있기 때문입니다.

　또 하나, 이 질문은 스스로에게 묻는 것이 더 효과가 좋습니다. 남에게서 이 질문을 자주 들으면 자기 생각을 믿지 못하게 되는 부작용이 생길 수 있습니다. 반대로 남에게 이 질문을 자주 하게 되면 인간관계에 문제가 생깁니다.

　인간은 성장하는 과정에서 내 생각이 타인에게 지지받는 경험을 해야 합니다. 인간이 가진 인정의 욕구가 어느 정도 만족될 때, 자율성도 커지고 주체성도 커집니다. 인정 욕구를 채우지 못하고 성장한 사람일수록 타인에게서 인정받고자 하는 욕망이 점점 더 커지고, 남의 평가에 목을 매게 됩니다.

"정말 그럴까?"라는 질문은 기본적으로 '의심하는 말'이기 때문에, 이 인정 욕구와 배치되는 측면이 있습니다. 때문에 아무리 부모가 하는 말이라고 해도 자주 들으면, 아이는 '내 생각이 뭔가 잘못된 건가?'라는 의심에 빠지면서 인정 욕구에 시달릴 수도 있습니다. 만약 부모가 이 질문을 통해 아이의 문제의식력을 높이고 싶다면, 이 말을 사용하기 전에 '우리 부모는 나를 정서적으로 충분히 지지한다'는 생각을 먼저 심어주는 게 좋습니다.

결론적으로 말하면 "정말 그럴까?"는 창의적 사고를 키우고 새로운 대안을 찾게 하는 좋은 질문이지만, 타인과의 관계에서 사용할 때보다는 스스로 사용할 때 효과가 좋습니다. 그래서 이 질문은 부모가 아이에게 하는 상황이나 교사가 아이에게 하는 상황이 아니라, 부모가 스스로에게, 교사가 스스로에게 하는 질문으로 바꾸어 제시해보겠습니다.

부모라면

"아이에게 공부하라고 말하는 게 정말 아이를 위한 말일까?"(→ 사실은 내가 안심하고 싶어서가 아닐까?)

"다른 엄마들은 선행학습이 상식이라고 하던데 정말 그럴까?"(→ 남들이 하니까 그냥 다들 따라 하는 것이 아닐까?)

"공부하라고 해도 아이가 전혀 하지 않는데, 내가 하는 말이 효과가 없는 걸까?"(→ 사실은 아이가 공부 안 하는 이유를 내가 모르고 있는 게 아닐까? 그러니까 내가 하는 말이 효과를 발휘하지 못하는 게 아닐까?)

교사라면

"모든 학생이 칠판 내용을 반드시 공책에 다 적어야만 할까?"(→ 수업 내용을 정리하는 데 다른 방법은 없을까?)

"학생들에게 외워 오라고 한다면, 효과적인 암기법도 가르쳐줘야 하는 게 아닐까?"(→ 방법을 가르쳐주지 않고 그냥 하라는 것은 적절하지 않다. → 방법을 알려주자.)

— 두뇌 OS를 높이는 부모 언어 10 —

"정말 그럴까?"

문제의식력을 높여서 새로운 방법을 찾아낸다.

두뇌 OS를 더욱 강화하기

다섯 가지 마법의 말

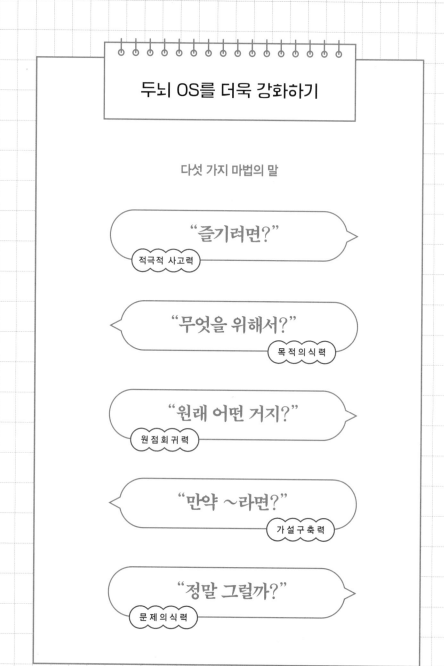

"즐기려면?"

적극적 사고력

"무엇을 위해서?"

목적의식력

"원래 어떤 거지?"

원점회귀력

"만약 ~라면?"

가설구축력

"정말 그럴까?"

문제의식력

적극적 사고력 키우기 _ '즐기려면?'이라는 질문을 사용해 지금 처해 있는 문제를 해결할 수 있다는 자신감을 기릅니다.

예시

주제 책 읽기
질문 책 읽기를 즐기려면 어떻게 해야 할까?
대답 조용하게 책상에 앉아서 책을 읽으면 따분합니다. 내가 좋아하는 음악을 들으면 기분 좋게 책을 읽을 수 있을 것 같습니다.
  → 문제를 해결하는 게 즐거운 일임을 깨닫게 합니다.

주제:

질문:

대답:

주제:

질문:

대답:

목적의식력 키우기 _ '무엇을 위해서?'라는 질문을 사용해 생각의 주체성을 높이고, 그 일의 의미를 느끼게 합니다.

예시

주제 캠핑

질문 캠핑은 무엇을 위해서 가는 걸까?

대답 도시를 떠나서 자연을 느끼려고 하는 일이 캠핑입니다. 그러면 도시에서 할 수 없었던 일을 캠핑에서 해보는 게 좋을 것 같습니다. 불을 직접 피워본다거나, 밤하늘을 관찰하는 등의 일을 하면 더 좋을 것 같습니다.

→ 목적을 확인함으로써 자기 생각과 행동의 의미를 파악합니다.

주제:

질문:

대답:

주제:

질문:

대답:

원점회귀력 키우기 _ '원래' '애초에' '처음에'라는 단어를 사용해 옆길로 새어나간 생각을 바로잡게 합니다.

예시

주제 화

질문 처음에 엄마에게 화가 난 이유가 뭐였지?

대답 집에 와서 엄마에게 학교에서 있었던 이야기를 했는데, 엄마가 잘 들어주지 않는 것 같았습니다. 그래서 화가 났습니다. 그러고 나니 엄마가 용돈을 적게 주는 것도 화가 나고, 엄마가 해준 밥도 맛없게 느껴져 화를 냈습니다.

→ 자기 생각의 시작점을 확인하여, 스스로 문제의 원인을 찾게 합니다.

주제:

질문:

대답:

주제:

질문:

대답:

가설구축력 키우기 _ '만약 ~라면?'이라는 질문을 통해, 직관의 힘과 문제에 대비하는 사고력을 키웁니다.

예시

주제 시험 문제

질문 만약 내가 선생님이라면 이번 국어 시험 문제를 어떻게 낼까?

대답 우리 국어 선생님은 평소에 시 외우는 것을 중요하게 여깁니다. 그렇다면 이번 국어 시험 문제에서도 시와 관련된 문제를 더 많이 낼 것 같습니다.

　　→ 시뮬레이션하는 능력을 통해 사고의 정확성을 높입니다.

주제:

질문:

대답:

주제:

질문:

대답:

문제의식력 키우기 _ '정말 그럴까?'라는 질문을 통해, 익숙한 것을 새롭게 보는 능력을 높입니다.

예시

주제 게임

질문 게임을 하면 정말 기분이 좋아질까?

대답 게임을 하면 도리어 기분이 나빠질 때도 있습니다. 스트레스를 풀려고 하는 일인데, 더 스트레스를 받습니다. 게임의 내용을 마치 현실로 받아들이는 것 같습니다. 게임은 가상의 이야기라는 걸 생각해야겠습니다.

→ 문제를 발견하는 능력을 키우고, 대안을 생각하게 합니다.

주제:

질문:

대답:

주제:

질문:

대답:

생각의 구조가 계속 성장하면 어떤 세상이 펼쳐질까

지금까지의 주요 내용을 정리해보겠습니다.

1. 똑같이 공부하는데 차이가 나는 것은 '일상에서 두뇌를 얼마나 움직이는가'의 차이에서 비롯된다.(항상 배우는 사람이 되는 것)

2. 이러한 과정이 자동으로 일어나느냐 아니냐는 '두뇌 OS'에 달려 있다.

3. '두뇌 OS' 차이는 '생각하는 힘'의 차이다.

4. '생각하는 힘'인 사고력은 제삼자, 즉 부모의 접근 방식에 따라 업그레이드가 가능하다.

5. 제삼자, 즉 부모가 아이의 사고력을 자극하는 '10가지 유형의 질문'을 건네는 것이 효과적이다.

이 책은 부모의 '질문'을 통해 아이 스스로 '자기 머리로 생각하는 힘'을 키우는 법을 요약한 것입니다. 이 방법을 일상에서부터 사용할 수 있도록 여러 예시를 통해 설명했습니다. 이런 질문이 생활 속에 녹아드는 게 중요합니다. 그래야만 누가 시켜서 배우는 게 아니라, 알아서 배우고 생각하는 아이로 성장할 수 있기 때문입니다.

총 10가지 질문 중에서 어떤 것이 가장 중요하지를 간혹 묻는 경우가 있습니다. 상황마다 다르고, 아이마다 중요한 질문이 다릅니다. 그래도 굳이 하나를 꼽으라고 한다면 저는 추상적인 사고력을 키우는 질문을 뽑고 싶습니다.

추상적으로 지식을 파악하는 사고 구조가 생기면 세상이 다른 차원으로 이해됩니다. 똑같은 교과서를 읽고, 똑같은 시험 문제를 풀어도 파악하는 능력이 다릅니다.

어린아이에게는 어려운 시험 문제가 어른에게 쉬운 이유 중하나도, 나이가 들면 추상화하는 능력이 커지기 때문입니다. 아이들은 아직 '구체성'의 세계에 살고 있습니다. 그 세계에서는 자잘한 '다름'밖에 보지 못합니다. 그랬던 아이가 추상적 사고력이 커지면 큰 틀에서 공통점을 보게 됩니다. A라는 것에서 무언가를 배우면, B라는 것에서도 공통점을 금방 찾아냅니다. 그런 사고가 가능하다는 것이 느껴지면 자기 생각에 자신감이 붙고, 더 능동적으로 공부하려는 자세가 생깁니다.

10가지 질문을 설명하면서, 비단 학습 능력을 향상하는 것에만 초점을 맞추지는 않았습니다. 기회가 있을 때마다 아이의 인성, 심리 문제를 같이 고민하고자 했습니다. 무엇보다 아이의 공부가 단지 입시에서 끝나는 게 아니라는 점을 강조했습니다.

제가 추상적 사고력의 중요성에 대해 새삼 강조하는 것도 인성 문제와 관련이 있습니다. 인간이 세상을 살아가는 데 정말 중요한 능력이 바로 공감력입니다. 공감이라는 건 '남의 것이 내 것과 동일하다'를 깨닫는 능력입니다. 추상적 범주에서는 '같은 것'임을 이해하는 거지요.

요즘 아이들에게 괴롭힘 문제가 심각합니다. '괴롭힘'은 자신과 '다름'밖에 보지 못하는 사람이 취하는 행위입니다. 다른 이와 자신의 공통점을 보는 사람은 누군가를 괴롭히지 않습니다.

어린아이는 추상적으로 생각하지 못하므로 "저 친구는 귀가 너무 커"라든가 "저 친구는 말투가 이상해"처럼 금세 '다름'만을 강조합니다. 어릴 때는 그럴 수 있지만 인지 능력이 성장하는 과정에서 우리는 공통점에 더 주목하는 사고력을 가져야 합니다.

간혹 머리는 좋은데, 다른 사람과 자주 다투고 걸핏하면 남을 무시하며 비난하고 비평하는 사람이 있습니다. 아무리 똑똑해도 가까이하기 싫은 사람입니다. 이런 사람은 진정한 의미에서 머리가 좋다고 보기는 어렵습니다. 다소 암기를 잘하거나 반복적인 일에 소질이 있는 경우가 대부분입니다. 어쩌다 운이 좋아 높은 평가를 받는 사람일지도 모르지요. 그러나 두뇌 OS가 높은 사람은 남과 자신을 비교하지도 싸우지도 않습니다.

"내 아이가 공부만 잘하면 됐지, 사람들하고 잘 지내기도 해야 하나요?"라고 물을 수 있습니다. 물론 모든 사람에게 사랑받을 수는 없습니다. 그럴 필요도 없고요. 때로는 홀로 외로운 길을 가기도 해야 합니다.

그러나 남과 나의 같은 점을 찾아낼 줄 모르는 사람이야말로 끊임없이 외로움에 시달리게 됩니다. 외로움은 인간의 사고가 좋은 방향으로 흘러가는 것을 방해합니다. 능동적으로 세상의 수많은 존재와 교감하고 소통하고 있다는 느낌을 갖는 것, 그게 바로 모든 것에서 배우는 유형 3의 사람들이 가지고 있는 중요한 특징입니다.

오늘날 자존감에 대한 이야기가 많습니다. 자신의 사고 능력을 스스로 업그레이드해가는 이들은 자존감이 훼손되지 않습니다. 두뇌 OS를 키우는 10가지 질문은 결국 '자기주도적인 사고'를 위한다는 공통점이 있습니다.

자존감은 남과 자신을 비교할 때 훼손됩니다. 아이들이 공부를 하는 과정에서 자존감은 끊임없이 훼손됩니다. 아무리 등수가 중요하지 않다고 해도, 아이들은 자동으로 누가 더 공부를 잘하는지, 나는 몇 등인지를 생각하게 됩니다.

비교를 통해 더 나아지고 싶다는 마음을 갖는 건 좋은 일입니다. 그러나 그 비교가 남이 아니라, 과거의 자신이면 더 좋겠지요. 이 10가지 질문을 통해 아이들이 자기 안에서 답을 찾아내고 스스로 자기 생각을 업그레이드하는 기쁨을 느끼기를 바랍니다. 그럴 때 등수와 관계없이 자존감이 높아지고, 실패할지 모르는 일이라도 도전해보고 싶은 마음이 생겨납니다.

'똑같이 공부하는 데 왜 차이가 날까?'라는 질문으로 다시 돌아가봅시다. 나는 10시간을 공부하는데, 다섯 시간도 공부하지 않는 친구보다 성적이 나쁩니다. 그럴 때 나의 자존감은 바닥에 떨어집니다. 그럴 때 '10시간을 공부해도 성적이 오르지 않는데, 혹시 내가 공부하는 방식에 문제가 있는 게 아닐까?'라고 스스로에게 질문하게 된다면 자존감이 떨어지지 않습니다. 내 문제를 내가 해결하려고 하는 상태이기 때문입니다. 이런 상태에서 두뇌 OS가 업그레이드되면 더 좋은 방법을 빨리 찾게 됩니다.

제가 지난 세월 동안 지도한 학생들의 숫자를 세어보니 약 3,500명쯤 되었습니다. 그렇게나 많은 학생을 경험해보니 저도 '추상적 사고'를 하게 됩니다. 결국 공부를 잘하는 아이들은 스스로 자신의 문제를 발견하고 수정해나가는 아이들이었습니다.

내 아이가 처음부터 공부를 잘하고 생각이 깊고, 능동적인 아이라면 아마 이 책을 읽을 이유가 없을 겁니다. 그러나 이렇게 '만능맨'인 아이는 극히 소수입니다. 우리 아이들 대부분은 여러모로 미숙하고 좌충우돌합니다. 그러나 그건 아이들의 사고 능력이 떨어져서 그런 게 아니라, 아직 사고 능력이 자극을 받지 못해서 멈춰 있는 상태이기 때문입니다.

부모는 아이에게 제대로 된 자극을 주도록 노력해야 한다고 생각합니다. 아이의 인생도 길고, 내 인생도 깁니다. 그 긴 인생을 사는 동안 변화는 몇 번이나 찾아옵니다. 그러면 그 변화를 어떻게 촉진할 수 있을지, 그 방법에 대한 고민이 필요합니다.

'무조건 노력하라'는 말을 믿지 말라고 했습니다. 정확한 방법을 알아야 한다고 이야기했습니다. 그런 이유로 이 책을 쓰게 된 것입니다. 결국 '우리 아이는 노력을 안 해'라는 말을 핑계 삼지 않게 하려는 의도였습니다.

"똑같이 공부하는 데도 왜 차이가 날까?"

"알아서 공부하는 아이는 무엇이 다를까?"

이 질문의 책임을 오로지 아이에게만 넘기지 않도록 합시다. 노력의 양이 부족해서가 아니라 노력의 방향이 잘못되었을 수도 있습니다. 올바른 방향으로 나아간다면 노력에 대한 보상은 따라옵니다. 정도의 차이는 있겠지만 노력은 반드시 보상받기 마련입니다.

끝으로 이 책에서 소개한 모든 것을 다 시도하지 말고 '내가 꼭 해보고 싶은 질문'부터 먼저 뽑아볼 것을 권합니다. 예를 들어, 지금부터 실천하고 싶은 질문을 세 가지만 추려봅니다. 그중 한 가지라도 꾸준히 시도하면서 변화를 느껴보길 바랍니다.

다음 페이지에 표를 넣었습니다. 자신이 고른 질문을 적는 칸이 있고, 사용했으면 했다고 체크하는 작은 칸도 넣었습니다. 아이에게는 메모하는 습관을 기르라고 하고 자신이 한 일을 기록하라고 하면서, 정작 부모는 그렇게 하지 않습니다. 이런 작은 표 하나를 통해서라도 부모 역시 아이처럼 노력하는 즐거움, 능동적으로 행동하는 즐거움을 깨닫기를 바랍니다.

•

예시)

은수가 엄마에게 화가 난 이유를 정리해볼까?
한마디로 하면 뭐야?

☐ 사용했으면 체크

•

☐ 사용했으면 체크

•

☐ 사용했으면 체크

-

□ 사용했으면 체크

-

□ 사용했으면 체크

-

□ 사용했으면 체크

"이제 아름다움을 살펴보는 눈을 키운다"

김정운(문화심리학자), 유현준(건축가)이 추천하는
내 삶에 미적 감각을 더하는 새로운 교양 수업

심미안 수업
어떻게 가치 있는 것을 알아보는가

친절한 아트 워커 윤광준과 함께
예술을 통해 나를 긍정하는 경험

"이게 자존감일 줄 알았습니다"

내 삶의 중심에서 '나만의 시그니처'를 만드는 여섯 가지 레슨

나를 아프게 하지 않는다

나를 지켜주는 진짜 자존감
상처만 주는 가짜 자존감

자존감이 너무나 중요한 시대,
상처만 주는 가짜 자존감이 아닌,
어떤 상황에서도 나를 지키는 진짜 자존감을 가지려면 어떻게 해야 할까?

"마음속에 다른 사람이 살고 있는 게 아닐까?"

정신과 의사들을 정신분석 하는 마음의 명의와 함께
내 무의식을 찾아가는 여행

프로이트의 의자

숨겨진 나와 마주하는 정신분석 이야기

정도언 지음 | 296쪽 | 값 14,800원

10년 동안 독자들이 한결같이 사랑한 대한민국 대표 심리서
비밀독서단 '자존감을 높여주는 책' 선정,
네이버 독자 리뷰 400여 건, 각종 기관 추천도서!

옮긴이 | 최화연

대학에서 중국어와 일본어를 전공하고 국제대학원에서 국제개발협력을 공부했다.
좋은 책의 감동을 독자와 함께 나누고자 현재 바른번역 소속으로 출판 기획 및 번
역에 힘쓰고 있다.

알아서 공부하는 아이는 무엇이 다를까

초판 1쇄 발행 2020년 8월 5일
초판 2쇄 발행 2020년 10월 10일

지은이 | 이시다 가쓰노리
옮긴이 | 최화연
펴낸이 | 김보경

편집 | 김지혜
디자인 | 풀밭의 여치
마케팅 | 권순민

펴낸곳 | 지와인
출판신고 | 2018년 10월 11일 제2018-000280호
주소 | (04015) 서울특별시 마포구 포은로 81-1, 201호
전화 | 02)6408-9979 팩스 | 02)6488-9992 이메일 | books@jiwain.co.kr

ISBN 979-11-969696-4-6 (03370)